TAKING THE ARROW OUT OF THE HEART

SELECTED WORKS BY ALICE WALKER

POETRY

Revolutionary Petunias

Hard Times Require Furious Dancing

The World Will Follow Joy

FICTION

The Color Purple

The Temple of My Familiar

Meridian

Now Is the Time to Open Your Heart

Possessing the Secret of Joy

NONFICTION

In Search of Our Mothers' Gardens

We Are the Ones We Have Been Waiting For

Anything We Love Can Be Saved

TAKING THE ARROW OUT OF THE HEART

Poems

ALICE WALKER

Translated by Manuel García Verdecia

37INK
—
ATRIA
NEW YORK   LONDON   TORONTO   SYDNEY   NEW DELHI

37 INK

ATRIA

An Imprint of Simon & Schuster, Inc.
1230 Avenue of the Americas
New York, NY 10020

First 37 INK/Atria Books hardcover edition October 2018

37 INK / ATRIA BOOKS and colophon are trademarks of Simon & Schuster, Inc.

For information about special discounts for bulk purchases, please contact
Simon & Schuster Special Sales at 1-866-506-1949 or business@simonandschuster.com.

The Simon & Schuster Speakers Bureau can bring authors to your live event.
For more information, or to book an event, contact the Simon & Schuster Speakers
Bureau at 1-866-248-3049 or visit our website at www.simonspeakers.com.

Interior design by Kyoko Watanabe

Manufactured in the United States of America

10 9 8 7 6 5 4 3 2 1

Library of Congress Cataloging-in-Publication Data is available.

ISBN 978-1-5011-7952-5
ISBN 978-1-5011-7954-9 (ebook)

*En recuerdo de Coretta Scott King
generosa y noble
radiantemente sonriendo;
feliz.
Antes de que la flecha acertara.*

*Y, con respeto, para David Icke
ese "loco";
que conecta puntos, encuentra
    flechas,
las saca también
cuando la gente ayuda.*

*Y para todos los de nosotros que
    alguna vez hemos caído:
que nos hemos sacado la flecha
en ocasiones muchas veces
y nos hemos levantado
de nuevo.*

*Remembering Coretta Scott King
generous and kind
brightly smiling;
happy.
Before the arrow struck.*

*And with respect, to David Icke
the "mad" one;
connecting dots, finding
    arrows,
removing them too
when people help.*

*And for all of us who have ever
    fallen:
who have removed the arrow
sometimes many times
and stood up
again.*

If we want a better world,
we have to make it ourselves.
—A. W.

Si queremos un mundo mejor,
tenemos que hacerlo nosotros mismos.
—A. W.

CONTENTS

Introduction

No one escapes a time in life when the arrow of sorrow, of anger, of despair pierces the heart. For many of us, there is the inevitable need to circle the wound. It is often such a surprise to find it there, in us, when we had assumed arrows so painful only landed in the hearts of other people. Some of us spend decades screaming at the archer. Or at least for longer periods than are good for us. How to take the arrow out of the heart? How to learn to relieve our own pain? That is the question. Like many such questions it is delved into by Buddhism, but also by anyone who has lived long enough to see—by trial and error, for the most part—that the futility we begin to feel, as we attempt to bring down the archer, leaves our wounded heart untended, and the medicine of Life that abounds wherever we are is left unapplied.

Taking the Arrow Out of the Heart was not the original title of this new book, poems written mainly in 2015–2016. It was a time of great sadness and feelings of loss and despair. Worse to face, as now, are the brutal murders of children, the deliberate starving and abusing of them. The callous trampling on their rights as human beings, however small, and the brutal indifference (as they must experience it) of the grown-up world. Entwined with this is the abuse of the planet, the literal draining of her blood, the carving up for profit of her very flesh and bone.

And yet, there are those of us humans who have stood up, wherever we could stand up, in defense of children, animals, the earth, and we have had ancestors before us who have done the same. Which is how we learned. One such ancestor was Muhammad Ali. That fierce, indignant poet of words and fists. Though he was not alone. This book originally carried a title celebrating his courageous walk through a challenging life, and a battered but triumphant exit from it: *The Long Road Home.*

I still love this idea—that to remain on that road "home" to the truest self we can muster is a knockout in the ring of life. And to achieve, even to approach, or get on that road home! Maybe to actually get your whole self there . . . this would be bliss beyond imagining. For then we would surely join the Immortals: those who laid out the path as best they could for us, by their example. Which, in so many instances, was all they had. Imagine. Owning only the example of one's behavior. When applied to our people and to so many peoples we are now discovering, we begin to see our inherited riches. Our inherited wealth. It is the road itself.

But life will change course. And so I was invited to give a talk at a university and the instruction that rose again and again in me from the Source that always knows how plagued with doubt and confusion and guilt humans are, was "talk to them about how that arrow many feel in their hearts is not theirs alone. Remind them it is worthwhile to train to learn how to remove it."

I understood this. Because, indeed, the long road home has many archers waiting in ambush. This reality is part of what keeps the drug industry flourishing. Here, as a poet, I intervene.

Introducción

Nadie escapa a un momento en la vida en que la flecha del dolor, de la ira, del desespero se clava en el corazón. Para muchos de nosotros, existe la inevitable necesidad de rodear la herida. Resulta con frecuencia una gran sorpresa hallar la herida ahí, en nosotros, cuando habíamos supuesto que flechas tan dolorosas solo penetraban en los corazones de otros. Algunos de nosotros pasamos décadas gritándole al arquero o, al menos, períodos más prolongados de lo que es bueno para nosotros. ¿Cómo sacarse la flecha del corazón? ¿Cómo aprender a aliviar nuestro propio dolor? Esa es la cuestión. Como con tantas otras interrogantes, el budismo ha ahondado en ella, pero también lo ha hecho cualquiera que haya vivido lo suficiente para ver —por ensayo y error, sobre todo— que la inutilidad que empezamos a sentir a medida que intentamos derribar al arquero, deja desatendido a nuestro herido corazón y la medicina de la vida, que tanto abunda dondequiera que estemos, queda sin aplicarse.

Taking the arrow out of the heart (Sacarse la flecha del corazón) no era el título original de este nuevo libro, poemas escritos principalmente en 2015 y 2016. Fue una etapa de enorme tristeza y de sentimientos de pérdida y desesperanza. Lo cual empeoró al enfrentar, como ahora, el brutal asesinato de niños y la forma deliberada en que los hacen pasar hambre y abusan de ellos. El cruel atropello de sus derechos como seres humanos, a pesar de ser pequeños, y la salvaje indiferencia (tal como deben experimentarla) del mundo adulto. Entrelazados con esto, la devastación del planeta, el drenaje literal de su sangre, la repartición con fines de lucro, su carne y hueso.

Y aun así, estamos aquellos de nosotros, los humanos que nos hemos alzado, dondequiera que pudiéramos hacerlo, en defensa de los niños, los animales, la tierra. Y hemos tenido antecesores que antes que nosotros hicieron lo mismo. Es así como hemos aprendido.

Uno de tales antecesores fue Muhammad Alí. Ese feroz e indignado poeta de las palabras y los puños. Aunque no estaba solo. Este libro originalmente llevaba un título que celebraba su valerosa marcha a través de una vida desafiante y una salida maltrecha pero triunfante de ella: *The Long Road Home* (El largo camino a casa).

Todavía me gusta esa idea: que quedarse en ese camino a casa al ser el más verdadero que podemos es un nocaut en el cuadrilátero de la vida. ¡Así como alcanzar, incluso acercarse o ponerse en ese camino a casa! Tal vez lograr realmente su ser completo allí... Esta sería una dicha más allá de lo imaginado, pues entonces nos uniríamos de seguro a los Inmortales: a esos Alí y Martin y Fannie Lou y a nuestras madres y padres que trazaron la senda lo mejor que pudieron para nosotros mediante su ejemplo. El cual, en tantos casos, fue todo lo que tuvieron. Imaginen. *¡Poseer solo el ejemplo de la conducta de uno!* Cuando se aplica a nuestro pueblo y a tantos otros pueblos que ahora descubrimos, empezamos a ver nuestras riquezas heredadas. Nuestra fortuna. *Es el camino en sí mismo.*

Pero la vida cambiará el rumbo. Así, fui invitada a dar una charla en una universidad y la recomendación que surgía una y otra vez para mí de la Fuente que siempre sabe lo plagados de dudas y confusión y culpa que están los humanos fue "háblales sobre cómo esa flecha que muchos sienten en su corazón no es suya solamente. Recuérdales que vale la pena prepararse para aprender cómo sacársela".

Lo comprendí. Porque, de verdad, el largo camino a casa tiene muchos arqueros que aguardan emboscados. Esta realidad es parte de lo que mantiene floreciente la industria de la droga. Aquí, como poeta, intervengo yo.

A Note about the Translator

by Alice Walker

I met Manuel García Verdecia at the Havana Book Fair in 1985. He is a well-loved and much-respected poet and writer in Cuba and also the translator of several of my books, which have always done well in Cuba. Cubans are voracious readers, and I was astonished at the huge numbers of people, of all ages, streaming into what had once been a barracks of sorts, during the dictator Batista's regime, and now was the site of Che Guevara's former office, turned small auditorium, where my reading was to be held.

But something else has stayed with me even more profoundly than this: A group of us, all hopeful revolutionaries, evolutionaries, lovers and artists of various kinds, had gone out to lunch together, after celebrating the morning's reading, which had gone well, though my Spanish, to this day, and having "lived" in Mexico part of each year since the eighties, has never left the beginner's stage. At some point I got up to go to the bathroom. We had been eating and drinking so merrily it was hard to tear myself away. Still, I managed to move toward the door. But as I approached it, I turned and looked back at those I left. They were all looking toward me. Our eyes met. And I looked deeply into each of them. Each of the eight or so beings. I realized that by some ineffable grace I had met up with a band of true soul mates. There was a luminosity to the moment that went straight to my heart. And soul. None of us could imagine how many defeats lay ahead of us: to their revolution, to my "success" as a mother, and as an artist attempting to bring light, but we knew we were the ones offering ourselves to the journey, the task of trusting each other as companions on the Way.

It was one of the most luminous, and numinous, moments of my life. And though I am extremely forgetful, which has more to do with my nature than with age, I have never forgotten this moment of bonding with these gallant and awakened souls of Cuba. Manuel García Verdecia, who was at that table, and whom I have seen only once more, fleetingly, all these years, has become the brother I am always expecting to find, no matter how foreign the land. We work together as if we share the same mother. Which of course we do.

Nota sobre el traductor

por Alice Walker

Conocí a Manuel García Verdecia en la Feria Internacional del Libro de La Habana en 1985. Es un poeta y escritor muy querido y respetado en Cuba, así como también el traductor de varios de mis libros que tienen buena aceptación en Cuba. Los cubanos son lectores verdaderos y quedé asombrada ante la enorme cantidad de personas, de todas las edades, que inundaban lo que fuera otrora un tipo de barracas para soldados durante el régimen del dictador Batista, y luego la sede de la oficina del Che Guevara y ahora un pequeño auditorio donde tendrían lugar mis lecturas.

Pero además algo ha perdurado conmigo aun más profundamente que esto: un grupo de nosotros, todos revolucionarios esperanzados, amantes y artistas de distintos tipos, habíamos ido a almorzar juntos tras realizar la lectura de la mañana que había salido bien, aunque mi español, hasta el día de hoy y aun habiendo vivido en México parte del año desde los ochenta, nunca ha pasado del nivel de principiante. En algún momento me levanté para ir al baño. Habíamos estado comiendo y tomando tan alegremente que era difícil apartarme de allí. Aun así, me las arreglé para encaminarme hacia la puerta. Pero al acercarme a esta, me volví y miré hacia los que dejaba atrás. Todos miraban hacia mí. Nuestros ojos se encontraron. Miré intensamente a cada uno de ellos, a cada uno de los más o menos ocho seres. Me percaté de que, por alguna gracia inexplicable, había hallado un grupo de verdaderas almas gemelas. Había una luminosidad en aquel momento que penetró directamente en mi corazón. Y en mi alma. Ninguno de nosotros podía imaginar cuántas derrotas nos esperaban por delante: a su revolución, a mi "éxito" como madre, y como artista que intentaba ofrecer luz, pero sabíamos que éramos nosotros quienes nos brindábamos para el viaje, en la tarea de confiar unos en otros como compañeros de camino.

Fue uno de los momentos más luminosos y numinosos de mi vida. Y aunque soy olvidadiza en extremo, lo que tiene que ver más con mi naturaleza que con mi edad, nunca he olvidado ese momento de vinculación con estas almas gallardas y conscientes de Cuba. Manuel García Verdecia, que estaba en la mesa, y a quien solo he visto una vez más, fugazmente, en todos estos años, se ha convertido en el hermano que siempre espero encontrar, no importa en qué extraña tierra. Trabajamos juntos como si hubiéramos salido de la misma madre. Lo que por supuesto es así.

Translating Alice Walker:
A Work of Intellectual and Spiritual Growth

Translating into Spanish some of the works by author Alice Walker has been one of the most enlightening events of my life. It has given me the opportunity to allow other people to gain access to an extraordinary body of feelings and ideas about human beings and all that shapes or troubles their lives as present in her literary pieces and thus to expand the range of influence of her work. Also it has enriched the substance of my life as a person and a writer. She has such a broad, deep, and coherent outlook on life and art that working with her means engaging in a marvelous adventure of personal growth. Translating her works has turned into a fantastic literary, human, and spiritual experience.

From the literary standpoint it has meant getting close to her way of conceiving and developing her literary work. She has been constantly showing me that poetry is everywhere around us, even in the most trivial or unnoticed things, because they all share or add something to the complex and total function and sense of life. So poems—which can be not just verses but pieces of prose and reflection as well—result from the finding of a proper, personal, and effective voice that can utter in a compelling and moving way the meaningful issues that the author finds behind ordinary and obvious phenomena.

Being such an extraordinary human being, she has helped me to reexamine this concept and see it in its wideness and interconnection. Being human from her viewpoint is to consider, accept, and love everything and everyone as part of a bigger fabric where each one of us is ingrained, and that will only function adequately if there is the knowledge and the will to work together in an intelligent and sensitive form for the achievement of values that enrich our human possibilities and ambitions. To be human is to reaffirm life in its complex and inexhaustible diversity, and that is precisely what Alice Walker does when she writes.

Finally, it has been a renewing spiritual experience that has given me more strength and confidence to believe in a curious, infinite, and interconnected universe that feeds, sustains, and gives meaning to me. Through the things she reveals in her works we get to know better the real sense of who we are and what we search for, and we achieve a better view of how ideas and feelings can help in the link we have with one another, with what is beyond, with the past and the future, which means what is eternal. That is, we discover the soul in its most comprehensive and interconnected essence.

Reading—and translating is a very meticulous and creative form of reading—Alice's works helps us to regain our confidence in humans and in life and, as Cuban poet and hero José Martí wrote, "to have faith in human improvement."

She reassures us in the conviction that we can get to live in a more decent and harmonious world. We can if we know; we know if we want; we want if we have the will; and we have the will if we find the way to be really and essentially human.

Manuel García Verdecia
Holguín, Cuba, March 2018

Traducir a Alice Walker:
Una labor de crecimiento intelectual y espiritual

Traducir al español algunas de las obras de la autora Alice Walker ha sido uno de los sucesos más iluminadores de mi existencia. Me ha brindado la oportunidad de posibilitar que otras personas accedan a un extraordinario cúmulo de sentimientos e ideas sobre los seres humanos y además lo que conforma y dificulta sus vidas, tal y como se observa en los textos literarios de Walker, y de tal modo incrementar el horizonte de influencia de su obra. Así mismo, ha enriquecido la esencia de mi vida como persona y como escritor. Ella posee una perspectiva sobre la vida y el arte tan amplia, profunda y coherente que trabajar con ella significa involucrarse en una maravillosa aventura de crecimiento personal. Traducir sus obras se ha vuelto una estupenda experiencia literaria, humana y espiritual.

Desde el punto de vista literario ha significado acercarme a su manera de concebir y desarrollar sus textos. Me ha enseñado constantemente que la poesía está en todas partes a nuestro alrededor, incluso en las cosas más triviales e inadvertidas, porque todas ellas comparten o añaden algo a la función y el sentido complejos y totales de la vida. De modo que los poemas —que pueden ser no solo versos sino también obras en prosa y de reflexión— son el producto de encontrar una voz propia, personal y eficaz que pueda expresar de manera convincente y emotiva los aspectos significativos que un autor descubre tras los fenómenos ordinarios y obvios.

Al ser ella un ser humano tan especial, me ha ayudado a reexaminar este concepto y verlo en su amplitud e interrelación. Ser humano desde su punto de vista es considerar, aceptar y amar todo y a todos como parte de un tejido mayor en el que cada uno de nosotros se incrusta y que solo funcionará adecuadamente si existen el conocimiento y la voluntad de trabajar unidos de forma inteligente y sensible para alcanzar los valores que enriquecen nuestras posibilidades y aspiraciones humanas. Ser humano es reafirmar la vida en su compleja e inextinguible diversidad y esto es precisamente lo que hace Alice Walker cuando escribe.

Por último, ha constituido una experiencia espiritual renovadora que me ha brindado más fuerza y confianza para creer en un universo curioso, infinito e interrelacionado que me alimenta, sostiene y da sentido. A través de los aspectos que ella revela en sus obras, alcanzamos a conocer mejor el verdadero sentido de quienes somos y de lo que buscamos, al igual que logramos una mejor visión de cómo las ideas y los sentimientos pueden ayudarnos en el vínculo que tenemos unos con otros, con lo que está más allá de nosotros, con el pasado y con el futuro, o sea, con lo eterno. Esto es, descubrimos el alma en su esencia más integral e interrelacionada.

Leer —y traducir es una forma muy meticulosa y creativa de lectura— las obras de Alice nos ayuda a recobrar nuestra confianza en los humanos y en la vida y, como escribió el poeta y héroe cubano José Martí, a tener "fe en el mejoramiento humano".

Ella nos reafirma en la convicción de que podemos llegar a vivir en un mundo más decente y armonioso. Podemos si sabemos; sabemos si queremos; queremos si tenemos la voluntad; y tenemos la voluntad si hallamos el camino para ser real y esencialmente humanos.

Manuel García Verdecia
Holguín, Cuba, marzo de 2018

TAKING THE
ARROW OUT OF
THE HEART

El largo camino a casa

para Muhammad Alí

Estoy empezando a entender
el misterio
del don del sufrimiento.
Es verdad como algunos
han dicho
que es un crisol
donde el oro de nuestro espíritu
se funde,
y resplandece.

Alí,
nos representas a todos
los que aguantamos la prueba del sacrificio
casi siempre solos
porque ¿quién puede comprender
qué persona o qué cosa
nos ha puesto en nuestros pies?

Con sus rodillas cansadas
nuestros antepasados nos alzaron
de la molesta posición
que tuvieron que aceptar
en el piso debajo
del piso.

He estado llorando
todo el día
al pensar en esto.
El halo del testimonio
la inacabable enseñanza
el largo camino a casa.

The Long Road Home
for Muhammad Ali

I am beginning to comprehend
the mystery
of the gift of suffering.
It is true as some
have said
that it is a crucible
in which the gold of one's spirit
is rendered,
and shines.

Ali,
you represent all of us
who stand the test of suffering
most often alone
because who can understand
who or what
has brought us to our feet?

Their knees worn out
ancestors stood us up
from the awkward position
they had to honor
on the floor beneath
the floor.

I have been weeping
all day
thinking of this.
The cloud of witness
the endless teaching
the long road home.

Inspirar

Al inspirar
agradezco a Thich Nhat Hanh.
Al espirar
le agradezco más.

Breathing

Breathing in
I thank Thich Nhat Hanh.
Breathing out
I thank him more.

¡Aquí está!

para Jesse Williams

Aquí está
la belleza que los mata
—eso creen ustedes—
del susto.
Pues él es en verdad hermoso
y está ciertamente donde la blancura
para incredulidad de ustedes
no ha salido
a morir.
No. Está allí, piel pardo-rojiza, ojos grises,
mandíbula Malcom-esca. Sus leales padres,
que la Diosa los bendiga,
sentados orgullosos y felices y sin dudas
asombrados
de lo que han hecho.
Porque él también es negro. Y obviamente
con un alma
hecha de todo.
Traten de pensar más en grande de lo que jamás lo han hecho
o se han atrevido a hacer:
que la negritud no está donde la blancura
sale a morir, sino que es
como la materia oscura
entre las estrellas y galaxias
del Universo
que a la larga
lo mantiene todo
unido.

Here It Is!

for Jesse Williams

Here it is
the beauty that scares you
—so you believe—
to death.
For he is certainly gorgeous
and he is certainly where whiteness
to your disbelief
has not wandered off
to die.
No. It is there, tawny skin, gray eyes,
a Malcolm-esque jaw. His loyal parents
may Goddess bless them
sitting proud and happy and no doubt
amazed
at what they have done.
For he is black too. And obviously
with a soul
made of everything.
Try to think bigger than you ever have
or had courage enough to do:
that blackness is not where whiteness
wanders off to die: but that it is
like the dark matter
between stars and galaxies in
the Universe
that ultimately
holds it all
together.

La nueva Edad de las Tinieblas

para Martin

Mientras rodamos por la nueva Edad de las Tinieblas
te vuelves más querido para mí.
Tu rostro, tu sonrisa
ese pelo cuidadosamente arreglado
para que nunca se vuelva gris.

Quizá no salgamos de estas tinieblas
durante mi vida.

Aun así, pienso en ti
tan frecuentemente sonriendo,
o rotundamente riendo;
tu fuerte complexión gallarda
y lista para la pelea.

Aunque es verdad
que dejaste tu hogar
como el Buda
para hallar un camino para todos,
dejando a tu esposa e hijos
que sufrieran
una muy extraña soledad;
y cierto,
de los hijos, algunos
se perderían.

Sin embargo,
te extrañamos. Terriblemente.
Como extrañamos
a tantos otros
que nos dejaron con este único
deseo:
que no importa cuán honda es la caída
en las tinieblas y la obscenidad que esta nueva era
presagia
la Vida puede permitirnos

The New Dark Ages

for Martin

As we slip into the new Dark Ages
you become more dear to me.
Your face, your smile
that carefully trimmed
never to turn gray hair.

We may not emerge from this darkness
in my lifetime.

And yet, I think of you
so often smiling,
or laughing outright;
your sturdy frame gallant
and ready for the fight.

Though it is true
you left home
like the Buddha
to find a way for all of us,
leaving your wife and children
to suffer
a most peculiar loneliness;
and yes,
the children, some of them
would be lost.

Still,
We miss you. Dreadfully.
As we miss
so many others
who left us with this one
desire:
that no matter how deep the fall
into obscurity and obscenity this new age
portends
Life might permit us

permanecer en pie
aunque solo sea en lo interior;

sonriendo y riendo
contigo

en medio del solemne ejército
que partió hacia
la oscuridad
hace tantos años,
siempre cantando,
a explorar el sendero

y *ser* la luz.

to remain standing
if only on the inside;

smiling and laughing
with you

among the solemn army
who went out
into the darkness
all those years ago,
always singing,
to examine the path

and *be* the light.

Amar Oakland

Si los aburguesadores no la despojan
lo que quiere decir deshacerse de los pobres
y los negros y la gente
de color
Oakland puede ser lo que ha sido
por largo tiempo: un Paraíso urbano.

Es un lugar donde
la joven mujer rubia
que cruza la calle frente a tu auto
parecería una amenaza
a la barriada
a no ser porque frunce el ceño
por algún hondo asunto de su vida interior
y lleva estrafalarios zapatos azul intenso.

Es un lugar donde
mientras te sientas en la hierba junto al lago
un hombre negro alto de cierta edad
se pasea
soplando su saxofón.
Tú sonríes e inclinas la cabeza
y él se inclina a su vez,
con su instrumento. Su día es suave.
Está al sol.
Te ha dado su dulzor
y su sol
a ti gratis.

Aquí
he encontrado un amor
no explorado antes
por los deportes.
Al menos me encantan los *Warriors**.
Hay algo en el baloncesto
tan elegante, los jugadores tan serios,
hábiles, moderados

Loving Oakland

If gentrifiers do not despoil it
which means getting rid of poor
and black and people of color
people
Oakland can be what it has been
for a long time: an urban Paradise.

It is a place where
the young blonde woman
crossing the street in front of your car
would look like a threat
to the neighborhood
except she's frowning
over some deep issue in her inner life
and wearing outrageous vivid blue shoes.

It is a place where
as you sit on the grass by the lake
a tall black man of a certain age
strolls by
blowing his saxophone.
You smile and bow,
he bows back,
with his horn. His day is mellow.
He's in the sun.
He has given mellowness
and sun, free of charge,
to you.

Here
I have found a previously
unexplored
love of sports.
At least I love the Warriors.
Something about basketball
is so graceful, the players so serious,
skilled, nonviolent

e intensos; me siento a chillar y vitorear
como todos a mi alrededor; somos
por poco tiempo una familia y ellos nuestros hermanos
envueltos en una guerra pacífica.
Me encanta que la casa de la legislatura estatal
se engalane de azul y amarillo
con largas luces brillantes
toda la temporada
en que el equipo juega
y que nuestra camarera
lleve pendientes azules y dorados
y sacuda su oscuro pelo rizado
para asegurarse
de que los notemos.

Amar la tierra de Oakland:
Frida y Diego lo hubieran hecho.
A Frida nunca le gustó Chicago y en verdad sufrió
en Nueva York. En Oakland desplegaría
sus hermosos vestidos en torno a ella sobre el césped de ese nuevo sitio
concebido para sentarse y acostarse
en el extremo distante del lago.
Diego apreciaría los murales
a veces de varios pisos
de alto. Querría pintar los suyos.
¡Claro que lo haría!

Quienquiera que haya dicho, "no hay nada de nada allí", y creo que
    estamos
equivocados en pensar que Gertrude Stein
quiso decir eso, y no estaba bromeando
(aunque quién sabe lo que era Oakland en su tiempo; o
qué era ella en el tiempo de Oakland),
cuando se presume que dijo esto.

Porque, y gracias, según muchos, a la previsión
de Jerry Brown de limpiar el lago,
hay mucho de "algo" en Oakland.

and intense; I sit grunting and groaning
like everyone around me; we are
for a short time, family, and these are our brothers
engaged in peaceful war.
I love it that the state house
wears blue and yellow
in long emphatic lights
the whole season
the team is playing
and that our waitress
wears blue and gold earrings
and shakes her curly dark hair
to make sure
we notice them.

Loving Oaklandia:
Frida and Diego would have.
Frida never liked Chicago and actually suffered
in New York City. In Oakland she could spread her
lovely dresses around her on the grass in that new place
designed for sitting and lying
at the far end of the lake.
Diego would appreciate the murals
that are sometimes several stories
high. He'd want to paint his own.
Of course he would!

Whoever said "there is no there there," and I think we are
wrong to think Gertrude Stein
meant this and wasn't joking
(though who knows what Oakland was in her time; or what
she was in Oakland's time)
when she is alleged to have said this.

Because, and thanks, many claim, to Jerry Brown's
foresight about cleaning up the lake,
there is plenty of "there" in Oakland.

No son solo sus calles, sus buenos lugares para comer y jugar
con los niños y la familia,
no solo el lago, que la gente ama
con tanta devoción (aunque puede que jamás
lo llamen así); es esa sonrisa que toca tu corazón
cada vez que ocurre
cuando un total extraño te saluda en el camino;
el modo en que las robustas hermanas son admiradas
por todos los que las ven apresurarse, balanceando los brazos,
intencionalmente mejorando la vista
al hacerla más real
y disfrutando por completo
su diario ejercicio; es el sentido
de que algo que estuvo vivo
por largo tiempo
todavía vive. Todavía no abatido hasta
la rendición
o el olvido
por aquellos que matan todo
lo que tocan
con dinero.

*N. del T.: Los Golden State Warriors son un equipo de baloncesto profesional con sede en Oakland, California.

It is not just its streets, its good places to eat and play
with one's children and families,
not just the lake, which people love
with so much devotion (though they might never
call it that); it is that smile that hits you in the heart
every time it happens
when a total stranger greets you on the path;
the way the hefty sistahs are admired
by all who see them as they hustle by, arms swinging,
knowingly improving the view
by making it real
and completely enjoying
their daily exercise; it is the sense
that something that was alive
for a very long time
is still alive. Not yet beaten into
submission
or oblivion
by those who kill everything
they touch
with money.

¿Es Celie realmente fea?

para Cynthia Erivo

¿Es Celie realmente fea?
Pregunta la carismática estrella que la encarna
en Broadway.
¡Cuántas veces durante años
he respondido
a esto!
Celie y su hermana "más bonita" Nettie
son casi idénticas.
Podrían ser gemelas.
Pero la vida ha impuesto a Celie
todos los sufrimientos
a los que Nettie normalmente escapa: una confusa ansiedad en torno
al linchamiento de su padre cuando era muy pequeña,
reiteradas violaciones,
el negado amor de una madre
que se transformó
en recelo y desdén,
sus hijos, hasta donde sabe,
asesinados por
un psicópata violador que afirma
ser el padre.
Trabajo interminable
que degrada y pronto borra
la manifiesta belleza
de la más regia esclava.
Quería que todos pensemos
en lo superficial que es nuestro sentido
de la belleza, pero también,
cómo se destruye la belleza.
Y cómo, para soportar nuestra desgracia
por estos cientos de años,
nos hemos enseñado
a reír de cualquiera
tan maltratado y despreciado
como nosotros.
Luego que llamen a Celie

Is Celie Actually Ugly?

for Cynthia Erivo

Is Celie actually ugly?
Asks the charismatic star playing her
on Broadway.
How many times over the years
I have explained
this.
Celie and her "prettier" sister Nettie
are practically identical.
They might be twins.
But Life has forced on Celie
all the hardships
Nettie mostly avoids: a hazy anxiety surrounding
the lynching of her father when she was very small,
repeated rape,
a mother's withheld love
that morphed into
distrust and disdain,
her children, for all she knows,
murdered by
the rapist psychopath who claims
to be her father.
Endless labor that would
demean and soon obliterate
the observable loveliness
of the most queenly slave.
I wanted us to think about
how superficial is our understanding
of beauty; but, also, how beauty
is destroyed.
And how, to bear our own disgrace
these hundreds of years
we've taught ourselves
to laugh at anyone
as abused and diminished
as we feel.
It is Celie's designation

"negra del universo"
los inmisericordes que sufren en torno a ella
es lo que la hace "fea" para ellos;
ellos que no pueden ver, hasta que el Amor Propio
ilumina la lobreguez de la vida de Celie,
que
la hermosura de su
fuerte espíritu
se vuelve una con la compasiva
belleza
de
su rostro.

as "nigger of the universe"
by heartless sufferers around her
that makes her "ugly" to them;
they who cannot see, until Love of Herself
lights the dreariness of Celie's existence,
that
the beauty of her
resilient spirit
has become one with the compassionate
loveliness
of
her face.

El mundo se está levantando por Palestina

El mundo se está levantando
por Palestina;
me percaté hoy
al descubrir un círculo de lectores
en el que gente
de mi propio
país
engañado
ha decidido ofrecer
a sus lectores
un libro "humorístico"
sobre Palestina.
Honestamente, ahora
es casi una imposible
tarea humana
pensar "humorísticamente"
sobre Palestina.
Hay algo
en la deliberada selección del objetivo
en los ojos de los niños,
en las brillantes esperanzas de los jóvenes,
la golpiza
y la matanza de mujeres,
el indiscriminado derribo a palos
y el asesinato
de hombres jóvenes y viejos,
la demolición de hogares
y el aparentemente
interminable bombardeo de hospitales
y escuelas
que impide
que realmente
nos riamos.

Pero casualmente conozco
este libro que ofrecen

The World Is Standing Up for Palestine

The world is standing up
for Palestine;
I realized this today
when I discovered a book group
where people
from my own
hoodwinked
country
have
decided to offer
a "humorous" book
to its readers
about Palestine.
Honestly, by now
it is an almost impossible
human endeavor
to think "humorously"
about Palestine.
There is something
about the deliberate targeting
of children's eyes
young people's bright hopes
the beating
and killing of women
the indiscriminate battering down
and slaughter
of old and young men,
house demolitions
and the seemingly
unending bombing of hospitals
and schools
that keeps us from
actually
laughing.

Yet, I happen to know
this book they are offering

y es muy gracioso.*
Conocí a la mujer que lo escribió
y la escuché mientras
leía de él
con entusiasmo
a una casa abarrotada
en Ramallah.
Nos mató de la risa.

Y ese es el espíritu
al que la gente de nuestro propio país
se está despertando,
por el que se está alzando,
reconociéndolo finalmente:
pues es una gracia
de la que algunos afortunados
como nosotros hemos leído
e incluso presenciado
o incluso practicado
en nuestro propio paisaje moral
enfermo y desgarrado,
sin arreglo.

* Sharon and My Mother-in-Law (Sharon y mi suegra), *la celebrada autobiografía de la escritora y arquitecta palestina Suad Amiry*

and it is very funny.*
I met the woman who wrote
it and listened while
she read from it
with zest
to a packed house
in Ramallah.
She cracked us up.

And that is the spirit
our own country people
are awakening to,
standing up for,
recognizing at last:
for it is a grace
some lucky ones of us
have read about
and even witnessed
or even practiced
in our own diseased
and ripped moral landscape
of no repair.

*Sharon and My Mother-in-Law, *the acclaimed memoir by Palestinian author and architect Suad Amiry*

Dondequiera que sufras

No me importa:
dondequiera que sufras,
sea en París, Damasco, Jerusalén, Bamako,
México o Beirut o Nueva York,
mi corazón también está herido
y con pesar.
Solía haber tal cosa
como el melodrama
cuando los sentimientos se podían
inventar,
pero ahora es puro dolor
y pena,
una sensación de interminables
oportunidades perdidas
de sonreír y abrazar
al "otro"
antes del cambio.
Lamentamos la pérdida
de la bondad
que era tan divinamente
común:
la infancia
la juventud
las bendiciones de la madurez
y la vejez.
Todas ahora sacrificadas
casi previsiblemente
a la misma Codicia
de la que nuestras historias
—cada una de ellas—
podrían habernos advertido
si tan solo las hubiésemos conocido.

Wherever You Are Grieving

It does not matter to me:
wherever you are grieving
whether Paris, Damascus, Jerusalem, Bamako,
Mexico or Beirut or New York City
my heart, too, is bruised
and dragging.
There used to be such a thing
as melodrama
when feelings could be
made up,
but now there is bare pain
and sorrow,
a sense of endlessly missed
opportunities
to smile and embrace
"The other."
We mourn the loss
of goodness
that was so divinely
ordinary:
babyhood
youth
the blessings of maturity
and of old age.
All sacrificed now
almost predictably
to the same Greed
our histories
—every one of them—
could have warned us against
if only we knew them.

Tener alguna vez

Por años medité
serenamente
en este pequeño refugio en ruinas.
Estaba intacto hasta el huracán.
Por todos lados ahora hay árboles caídos,
ramas quebradas,
ventanas quebradas,
puertas quebradas.

Muchos techos del barrio
y del pueblo, tanto de paja
como de tejas, volaron.
Nada,
parece,
ha quedado
ileso.

Todo está destrozado.

Hay una sensación de irrealidad,
de tristeza porque tanta belleza
y paz solitaria
han sido destruidas,
pero abrumadoramente hay
gratitud.

Nuestros bellos amigos y sus bellos hijos
están vivos.

Nadie sufrió heridas y ninguno murió
con los vientos tempestuosos
y las torrenciales lluvias del huracán Patricia,
que trazó su recorrido
justo por los sitios
más apartados de la senda
—o así pensábamos—
de visitantes indeseados.

To Have Once

For years I meditated
peacefully
in this small ruined retreat.
It was whole until the hurricane.
All around it now are fallen trees,
broken limbs,
broken windows
broken doors.

Many roofs in the neighborhood
and in the *pueblo,* both palapa
and tile, are gone.
Nothing,
it appears,
has remained
unscathed.

Everything is trashed.

There is a feeling of unreality,
of sadness that so much beauty
and peace of solitude
has been destroyed,
but overwhelmingly there is
gratitude.

Our beautiful friends and their beautiful children
are alive.

No one was injured, and no one died
from the tempestuous winds
and drowning rain of Hurricane Patricia,
who charted her course
right to the places
most out of the way
—or so we thought—
of unwelcome visitors.

—

Lo efímero. Eso enseñaba el Buda.
Y, tener alguna vez es tener
para siempre:
tan cierto como lo creen
los pueblos aborígenes.

———

Impermanence. So the Buddha taught.
And, to have once is to have
forever:
so certain of the Aboriginal peoples
believe.

Ellos serán siempre más hermosos que tú

I

Ellos serán siempre
más hermosos
que tú
esos que tú matas.
Piensas que es odio
lo que tú sientes
pero en verdad es envidia.
Imaginas que si los destruyes

olvidaremos

cuán alto se pararon

cuán calmadas
sus miradas
cuán rectas sus espaldas.
Cómo incluso los más pequeños
no cedieron su pequeño terreno.

Mientras tanto
tú permaneces encorvado
como un zapatero
en tu absurdo
uniforme de asesino
gritando
como un loco,
tu cara crispada
chorreando sudor
de lo que serían,
con o sin
tus armas letales,
una frente intimidante
y una quijada salvaje.
——

They Will Always Be More Beautiful Than You

I

They will always be
more beautiful
than you
the people you are killing.
You think it is hatred
that you feel
but it is really envy.
You imagine if you destroy them

we will forget

how tall they stood

how level
their gaze
how straight their backs.
How even the littlest ones
stood their little ground.

Meanwhile
you stand
hunched as a cobbler
in your absurd
killer's gear
yelling
like a crazy person,
your face contorted
dripping sweat
from what would be
with or without
your lethal weapons
a bullying brow
and feral chin.

———

Matarlos a todos
pero en especial a los niños,
por diversión.

Viéndote duro
en tu propia mente;
mientras
bajo tu bota
aplastas huesos
que aún se están
formando.

Conquistando.

II

No olvides el sentido de pasatiempo

de tu trabajo diario
para la gente allá en el país
que presencia desde las laderas
en sus sillones de sala.

¡Qué linda diversión!

Nosotros no somos
como esos a quienes
destrozan por allá,
se dicen entre ellos. Y en este momento
están en lo cierto.
No lo son.

Pero ¿qué significa eso
para la humanidad destrozada?

Hazte una foto haciendo esto.

Killing everyone
but especially children,
for sport.

Looking cool
in your own mind;
as you crunch bones
beneath your boot
that are still
forming.

Conquering.

II

Don't forget the entertainment value

of your daily work
for the folks back home.
Who witness from the hillsides
in their lounge chairs.

What beautiful fun!

We are not like
those people being broken
over there
they tell each other. And for this moment
they are right.
They are not.

But what does this mean
for broken humanity?

Selfie this.

Imagina

Solo podemos imaginar
lo que estos dos
—Francisco y Fidel—
en verdad tenían por
decirse uno al otro.
El Papa preguntándose
quién es realmente el Santo Padre aquí,
ya que todo lo que él
predica como sagrado
Fidel ya lo ha
logrado.
Fidel
hallando humor
en las inconfundibles raíces italianas
del argentino
y pensando mordazmente
pero callando
cortésmente,
como buen jesuita
y Revolucionario que es:
mi pueblo ha sufrido
largo tiempo:
no arruines esto.
Dios, te llevó una eternidad
llegar a ser papa,
lo imagino decir
en voz alta.
¡Sabes que así fue!
podría responder Francisco.
Y tú sabes
exactamente por qué:
ese lugar donde trabajo es una guarida
de asesinos y ladrones.
Y si sus líos no hubiesen
salido a la luz:
pruebas de
sacerdotes que preñaban

Imagine

We can only imagine
what these two—
Francis and Fidel—
really had to say
to each other.
The Pope wondering
who really is the Holy Father here,
since everything he's
preaching as holy
Fidel has already
fulfilled.
Fidel
seeing humor
in the Argentine's unmistakable
Italian roots
and thinking pointedly
but not saying
politely,
like the good Jesuit
and Revolutionary he is:
My people have suffered
long enough:
Don't mess this up.
God, it took you forever
to get to be Pope,
I imagine him saying
aloud.
You know it did!
Francis might reply.
And you know
exactly why:
that place I work at is a den
of murderers and thieves.
And if their stuff hadn't
hit the fan:
evidence of
priests impregnating

a jóvenes indígenas cautivas
en el pasado
y sodomizan a monaguillos blancos
en el presente;
y gente que empieza a notar
la cantidad de oro y
propiedades robados
que poseemos (bastante para dar casa, alimentar y vestir
a casi todos los pobres del planeta)
jamás me hubieran
puesto aquí.
Con Cambio Climático
o sin Cambio Climático.
Lo sé, dice Fidel.
Son así de listos.
Solía preguntarme cómo
lo soportabas: sentado al fondo
todos esos años
mientras ellos gobernaban
el mundo desde cada
parlamento y cada trono.
Horrorosamente, por cierto,
podemos agregar.
Y ¿qué sobre el asunto de las disculpas
con que siempre salen?
Son culpables de la tortura y la muerte
de la Tierra y Su Gente en todas partes.
Las Casas, por lo pronto, nos ha contado
parte de lo peor.
¡Y ahora quieren librarse
con una *disculpa*!
Algunos ni eso quieren hacer, dice Francisco.
Si los violados y explotados
recobraran las tierras y bienes que les robaron
de manos de tus compañeros clérigos
y los sacaran brutalmente de sus casas
y hogares tras matar a sus padres
y esclavizar a sus hijos,
¿estarían satisfechos *ellos* con una disculpa?

captive Indigenous teens
in the past
and buggering white altar boys
in the present;
and folks starting to notice
the amount of stolen gold
and property
we have (enough to house, feed and clothe
pretty much every poor person on the planet)
they would never
have put me out here.
Climate Change
or no Climate Change.
I know, says Fidel.
They're clever that way.
I used to wonder how you
stood it: sitting at the back
all those years
while they ruled
the world from every
parliament and throne.
Horrifically, too,
we can add.
And what about that apology business
that's always trotted out?
They're guilty of the torture and murder
of Earth and Her Peoples all over the place.
De Las Casas, for one, has told us
some of the worst of it.
And now they want to get away
with an *apology*!
Some don't even want to do that, says Francis.
If the violated and exploited
took back their stolen lands and goods
from your fellow churchmen
and brutally drove them out of house
and home, after killing their parents
and enslaving their children,
would *they* be satisfied with an apology?

Oh, más bien que ha sido un desafío.
Puedo testificarlo, dice Francisco,
apartando una cámara.
Y uno personal para mí:
no es agradable,
en especial cuando envejeces,
reconocer tu papel
de Conquistador
del Espíritu.
¡Un conquistador
de los mismos espíritus y almas de la gente!
La propia definición de "diablo"
pienso a veces.
Cuando la gente se inclina ante mí
quiero gritarles: inclinarse
ante sus amos
es lo primero que los obligaron a hacer:
¡Pónganse en pie!
¡Y qué extraño que quieran que bese a sus niños!

Es escalofriante, dice Fidel. Ni que nuestra gente
ignorara la quema de brujas
y la Inquisición. Aun si no han estudiado
de las Reservas del Norte y
los internados para indios.
Pero anímate. ¿Quién podía haber imaginado
cómo es realmente el mundo
cuando éramos niños?
Somos viejos ahora, pero a pesar de todo lo que aprendimos,
buena parte espantoso y atemorizador, incluso
aterrador,
hicimos con la Vida
lo mejor que pudimos.
La perfección tendrá
que esperar a la próxima encarnación.
Y quiero decir del mundo, no solo nuestra.

Oh, it's been a challenge, all right.
I can testify to that, says Francis,
waving aside a camera.
And a personal one, for me:
it's no fun
especially as you age,
to recognize your role
as a Conquistador
of Spirit.
A conqueror
of the people's very spirits and souls!
The very definition of "devil"
I sometimes think.
When folks bow to me
I want to shout at them: bowing
to your masters
is what you were forced to do in the first place:
Straighten up!
And how bizarre that they want me to kiss their babies!

That *is* chilling, says Fidel. It isn't as if our people
are ignorant of witch burnings
and the Inquisition. Even if they haven't studied
Reservations in El Norte and
Indian boarding schools.
But cheer up. Who could have imagined
what the world is really like
when we were children?
We're old now, but in spite of all we learned,
so much of it dreadful and scary, even
petrifying,
we gave Life
our best shot.
Perfection will have
to wait for the next incarnation.
And I mean of the world, not just us.

Refugiados

No correrían hacia nosotros
si no los estuviésemos persiguiendo
con las armas y bombas y cohetes que vendimos
a gente loca:
fuera de sus casas
fuera de sus escuelas
fuera de sus mezquitas
iglesias
sinagogas
lejos de sus árboles
para oración preferidos.
Eres culpable Estados Unidos
de armar al mundo:
si pudieras,
y por hacer dinero
armarías al Universo.
¿Recuerdas
a Ronald Reagan
hablando sobre
la Guerra de las Galaxias
cuando apenas podía
caminar
por no decir
manejar un láser?
Así de grande es
la necesidad de nuestro país por controlar
la tierra
la cual nunca parece preocuparle
de otro modo.
Pero no es nuestro país
el culpable;
son las entidades
que se han apoderado de él.
Que bien podrían no ser
de aquí,
que es lo que creo yo.
Sino de alguna estrella lejana

Refugees

They would not be running to us
if we were not chasing them
with the guns and bombs and rockets we sold
to crazy people:
out of their houses
out of their schools
out of their mosques,
churches,
synagogues
away from their favorite
prayer trees.
You are guilty America
of arming the world:
if you could,
and to make money
you'd arm the Universe.
Remember
Ronald Reagan
talking about
Star Wars
when he could barely
walk
let alone
handle a laser?
That's how deep it is
our country's need to control
the earth
that it never seems to care about
otherwise.
But it is not our country
that is at fault
it is the entities
who have taken it over.
Who might not even be
from here,
which is my own belief.
But from some distant star

que camuflaron de "cielo"
para hacernos creer que eran especiales,
incluso ángeles, y no violadores de planetas
mediante el terror
y la manipulación
de la guerra.

they camouflaged as "heaven"
to make us think they were special;
angels even. And not rapists of planets
through the terror
and manipulation
of war.

El levantamiento del mundo

El levantamiento del mundo
puede poner fin
a cualquier cosa:
al asesinato de niños
ballenas
elefantes
bosques
océanos.
Levántate. Vuélvete
sobre esa parte
de ti
que no
acogerá
reconocerá
alentará
o incluso verá
nuestro levantamiento.
Una vuelta compasiva:
debemos terminar
con la crueldad
en especial hacia nosotros mismos,
para empezar de nuevo
a brillar como el sol;
frescos.
Pero una vuelta que muestre
que hemos alcanzado el final
de los actos corteses por
reparar y re-crear la Tierra,
y que presionaremos duramente
en cualquier parte nuestra
aun en las que hemos amado,
que insistan
en permanecer
ajenas
y
dormidas.

The World Rising

The world rising
can put an end
to anything:
the murder of children
whales
elephants
forests
oceans.
Get up. Roll over
on that part
of you
that will not
welcome
recognize
encourage
or even see
our rise.
A compassionate roll:
we must be done
with cruelty
especially to ourselves,
to start again
beaming like the sun;
fresh.
But a roll that shows
we've reached the end
of polite moves to
repair and re-create the Earth,
and will press hard
on any parts of us
even those we've loved,
that insist
on remaining
oblivious
and
asleep.

Estrella polar

He aquí lo que creo
será lo más duro
de hacer:
recordar
que tenemos
un alma.
Es tan callada
el alma
y casi no
pesa nada.
Puede alumbrar
nuestros
días más grises
solo una o dos
veces en la vida.
Que está ahí:
solo la certeza
de saberlo
debe ser
nuestra estrella polar.

Lodestar

Here is what I believe
will be the hardest thing
to do:
to remember
that we have
a soul.
It is so quiet
the soul
and weighs
almost nothing.
It might flash
across
our dullest days
only once or twice
in a lifetime.
That it is there:
just the certainty
of knowing
must be
our lodestar.

Los ancestros nunca duermen

Los ancestros nunca duermen
y siempre parecen saber
lo que están haciendo.
¿Cómo es posible?
me pregunto.
A veces estoy lo bastante
cansada como para expirar
—qué alivio sería,
pienso—. No más angustiarse
por esta locura.
Sea la que sea
este año o aun este siglo.
Mas los ancestros simplemente
bostezan
y me mandan
a echar una siesta.
No solo la vida no ha acabado,
dicen con desdén,
sino apenas ha empezado para ti.
Hay eternidades
que esperan no más después
de la próxima mala película
de la que temes
serás protagonista.
Ve a dormir. Descansa tu cerebro.
Descansa tu corazón. Descansa tus ojos
y todos tus pensamientos.
Hemos estado contigo
desde el comienzo
que no existió
y estaremos contigo
hasta que ese momento de
no existencia
gire en redondo otra vez.
Intentas cargar
todo el sufrimiento
a tu alrededor

Ancestors Never Sleep

Ancestors never sleep
and always seem to know
what they're doing.
How is this possible?
I ask myself.
Sometimes I am weary
enough to expire—
what a relief
I will think. No more obsessing
about this madness;
whatever it might be
this year, or even this century.
But ancestors merely
yawn
and send me off
for a nap.
Not only is life not over,
they sniff,
it has barely begun for you.
There are eternities
waiting just beyond
the next bad movie
you fear you'll be
starring in.
Go to sleep. Rest your brain.
Rest your heart. Rest your eyes
and all your thoughts.
We have been with you
from the beginning
which didn't exist
and we will be with you
until that moment of
nonexistence
swings round again.
You are attempting to carry
the suffering
all around you

pero tu espalda se dobla.
Déjanos llevarlo por ti.
Sabiendo como sabemos
que es solo
una vuelta difícil
en una inacabable
jornada
de disolverse
y ser
y disolverse
otra vez
y ser
una vez más;
por siempre jamás
una
y otra
vez.
Ahórrense el desespero,
nuestros queridos
tesoros,
para un par de eones
más tarde.

but your back is bending.
Let us bear it for you.
Knowing as we do
that it is only
a difficult turn
on a never ending
journey
of dissolving
and becoming
and dissolving
again
and becoming
once more;
forever & ever
on
and
on.
Save despair,
our beloved
sweetcakes,
for a couple of eons
later.

Especialmente para los niños pequeños de Irán (y otros países)
Y a esos que recién aprenden a montar bicicleta

Es el bienestar
de su país
tan
distante
que podría haber
estado allí
tan solo
en mis sueños
lo que
me deja
dormir
en la
noche.

Especially to the Toddlers of Iran (and Other Countries)
And Those Just Learning to Ride Bikes

It is the well-being
of your country
so far
away
I may
only have
been there
in
my dreams
that
lets
me
sleep
at
night.

El futuro apresado en un puño desalmado

De algún modo nos toca a nosotros
la generación más esperanzada
soportar
lo insoportable.
No necesitamos haber parido
a los niños
que están siendo sacrificados
para saber que son nuestros niños
no solo en el presente y el pasado
sino ciertamente en el futuro.
Todos los niños se vinculan al nacer
con todos los otros que un día vendrán.
Sus rostros vueltos hacia arriba
hacia los padres que todo adulto se supone será.
¿Cómo puedes separar a tu hijo
del mío?
Pequeño, te han apresado
y puesto en una jaula.
¿Qué vamos a hacer con esto?
¿Se supone que te veamos
como a un animal?
Aunque los animales tampoco merecen
esta suerte.
¿Se supone que pensemos
que tú, a los cinco años,
eres ya un "terrorista"?
¿Debemos creer que mereces
estar solo en esta diminuta celda
obviamente construida contigo en mente
mientras los adultos permanecen alrededor
y te intimidan?
¿Quién pagó por esta jaula
en definitiva?
¿Qué impuestos,
qué trabajo,
qué sudor?
Pequeño,

The Future Captured in a Heartless Fist

Somehow it is left to us
this most hopeful of generations
to bear
the unbearable.
We do not need to have given birth
to the children
who are being destroyed
to know they are our children
not only in the present and the past
but certainly in the future.
All children are connected at birth
to all the others ever to arrive.
Their faces turned upward
toward the parents all grown-ups were meant to be.
How can you separate your child
from mine?
Little one, they have captured you
and placed you in a cage.
What are we to make of this?
Are we supposed to see you
as an animal?
Though animals also do not deserve
this fate.
Are we supposed to think
that you are, at five years old,
already a "terrorist"?
Are we to believe you deserve
to stand alone in this tiny jail
obviously constructed with you in mind
while grown-ups stand around
and frighten you?
Who paid for this cage
anyway?
Whose taxes?
Whose labor?
Whose sweat?
Little One,

eres palestino,
eres también terrícola,
eres cada niño.
Por la mayoría de los humanos de este planeta
eres amado.
Pero en este momento
tan duro de admitir
como para que algún padre o adulto
en cualquier parte
pueda desear o quererlo
tú eres el futuro
apresado en un puño
desalmado.

you are Palestinian
you are also Earthling,
you are Every Child.
By most humans of this planet
you are beloved.
But in this moment,
so hard to own
as what any parent or grown-up
anywhere
could desire or wish
you are The Future
captured in a heartless
fist.

Julian
Julian Bond, 1940-2015

La primera vez que canté
"We Shall Overcome"*
fue en un círculo
en el césped de la Biblioteca Trevor Arnett
en la Universidad de Atlanta
y por azar
yo agarraba
tu mano.
Éramos todos muy jóvenes,
Julian,
y con muchas esperanzas
en nuestra solidaridad.
Me trabé con ciertas palabras
de la canción
nueva para mí
mas tú la cantabas solemne,
correctamente,
devotamente,
creyendo en cada palabra
que entonabas
con todo
tu hermoso
corazón.
Un amigo escribe
que te sepultarán
en el mar
y asiento
porque es así que sentíamos
esos años hace tanto tiempo;
cuando éramos tan jóvenes,
vulnerables,
nadando contra
una imponente marea de odio
y desesperanza
definitivamente
en medio del mar.

Julian
Julian Bond, 1940–2015

The first time I sang
"We Shall Overcome"
was in a circle
on the lawn of Trevor Arnett Library
at Atlanta University
and by chance
I was holding
your hand.
We were all so young,
Julian,
and so hopeful
in our solidarity.
I stumbled over some of the words
in the new to me
song
but you sang solemnly,
correctly,
devoutly,
believing every word
you sang
with your whole
handsome
heart.
A friend writes
that you will be buried
at sea
and I nod
because that is how it felt
those years so long ago;
that we were so young,
vulnerable,
swimming against
an awesome tide of hatred
and despair
definitely
at sea.

Pero perseveramos
mientras tantas olas
montañas de lágrimas
se echaban rugiendo hacia, y sobre, nosotros.
Martin, Jack, Bobby,
Fannie Lou
que nunca dijo qué más
le hicieron a ella
tras golpear
su cuerpo volviéndolo
de una correosa rigidez
después de arrestarla
en la pequeña cárcel del pueblo.
Julian,
las armas,
las drogas,
la falta de educación,
también apuntaban a lo que amábamos.
Y nosotros de algún modo
tú de algún modo ⸺
logramos mantenernos
firmes.
Eras tan joven
por esos días
de apretados *jeans*
y una esposa joven
"la otra Alice"
como pensaba yo en ella.
Ella que salvaría
tu vida
cuando creímos que
la perderías.
Están diciendo muchas cosas
sobre ti ahora
tanto elogio
bien ganado.
Y aun así,
me pregunto si pueden
imaginar

But we persevered
as so many waves
mountains of tears
came roaring toward, and over, us.
Martin, Jack, Bobby,
Fannie Lou
who never said what else
they did to her
after they beat her
body into a leathery
stiffness
after arresting her in
that small town jail.
Julian,
the guns,
the drugs,
the miseducation,
also aimed at all we loved.
And us somehow
you somehow
managing to keep
standing.
You were so young
in those days
of tight jeans
and a young wife
"the other Alice"
I thought of her.
She who would save
your life
when we thought you'd
lost it.
They are saying many things
about you now
so much praise
that is well earned.
And yet,
I wonder if they can
imagine

al joven que eras
parado en
ese Círculo de la Vida
hace tanto tiempo
uniendo las manos
con esos tan frágiles,
tan decididos,
tan puros como tú
en espera del futuro
que construiríamos
solo con nuestro círculo
y nuestra canción.

N. del T.: "Venceremos", canción de protesta por los derechos civiles

the young man you were
standing in
that Circle of Life
so long ago
holding hands
with those as fragile,
as determined,
as pure as you
waiting for the future
we would make
with just our circle
and our song.

La casucha danzante

para Alice de Beverly Buchanan
Beverly Buchanan, artista, 1940–2015

Alguien que me conocía bien
y que yo había vivido
en muchas casuchas grises
que mi madre transformó
con flores
me llevó a tu casa
a conocerte:
a ver las casuchas
que rescatabas de nuestra vergüenza
y transformabas con ingenio,
pequeños clavos, viejas tablas
y pintura.
Quedé encantada
de ver
la magia de mi madre
aparecer
de la punta
de tu pincel.
Ahora nos has dejado. La fluyente
luz a través de todas las grietas
de tus casuchas
como el genio que fluye
de tu mente obsesionada.
¿Cómo volvemos nuevo
y renovador del alma
al viejo dolor? ¿Cómo aprendemos
a sobrellevar con gracia y humor
todo lo que nos ha ocurrido?
Buchanan, digamos. ¿De quién era ese
nombre antes de que se pegara de golpe
en la memoria de los esclavizados?
Tus ancestros
en África no eran Buchanan
y pueden haber sido artistas de gran estima
cada uno de ellos,

The Dancing Shack

for Alice from Beverly Buchanan
Beverly Buchanan, Artist, 1940–2015

Someone who knew me well
and that I'd lived
in many a gray shack
my mother transformed
with flowers
took me to your house
to meet you:
to see the shacks
you rescued from our shame
and transformed with your wit,
small nails, old boards,
and paint.
I was enchanted to see
my mother's magic
emerge
from the end
of your brush.
Now you have left us. The streaming
light through all your shacks'
cracks
like the streaming genius
of your own obsessed mind.
How do we make new
and restorative of soul
the old pain? How do we learn
to carry with grace and humor
all that has happened to us?
Buchanan, for instance. Whose name
was that before it was slapped across
the memory of the enslaved?
Your ancestors
in Africa were not Buchanans
and may have been esteemed artists
every one of them,

por lo que sabemos.
Ay, Beverly,
todos en el clan de nuestra edad
estamos ahora en el tramo final.
No tardaremos mucho en alcanzarte.
Arrastrando nuestras tizas, nuestros lápices
con los que escribíamos y pintábamos en la tierra,
nuestras pinturas hechas de bayas, cortezas
y lágrimas.
A manos abiertas
hemos ofrecido nuestro arte
hecho de cualquier resto
que quedara de nuestra destrucción,
su ausencia de
la enorme mesa de la avaricia y la ignorancia
nunca se extrañó.
Este poema es para decir lo feliz que estoy
de tener la casucha
que hiciste para mí. ¡Roja como la fresa!
Nunca se me hubiera ocurrido; aun así
qué adecuado ha venido a ser.
Porque no me revuelco en la tristeza
aunque estos días me visita más asiduamente
de lo que yo quisiera;
el mundo está muriendo
de tantas formas feas
y los seres humanos con él.
Y aun así, contra todo pronóstico
me percato de
que siempre habrá una Beverly Buchanan
saliendo de un no lugar virtual
para reponer las piezas rotas
—restos de la belleza
que se destruye—
y pintarlas de rojo
para bailar.

for all we know.
Ah, Beverly,
all of us in our age clan
are in the homestretch now.
We will not be far behind you.
Trailing our chalk, our pencil sticks
with which we wrote and drew in the dirt,
our paints made from berries, barks,
and tears.
With open hands
we have offered our art
made from whatever scraps
were left over from our destruction,
their absence from
the big house table of greed and ignorance
never missed.
This poem is to say how glad I am
to have the shack
you made for me. Red as a strawberry!
I would never have thought of that; yet
how right it has turned out to be.
For I do not wallow in sadness
though it visits more often these days
than I would like;
the world is dying
in so many ugly ways
and humans with it.
And yet, against all odds
I realize
there will always be a Beverly Buchanan
arising from a virtual "nowhere"
to cobble together the broken pieces
—left over from the beauty
that is destroyed—
and paint them red
for dancing.

El círculo

Yo misma no creo
en partidos políticos
compuestos, por lo general, según mi experiencia, de
tantos que
no están vigilantes. Aun así, todas las opciones deben
proponerse por aquellos a quienes les importa.

Un estado de vigilia desequilibrado
puede ser tan traidor
como el sueño ignorante.

Hagamos un consejo privado
primero
con nuestro propio corazón.
Nuestros propios espíritu
y alma
brillantes o marchitos.

Luego desde aquel lugar sagrado
de encentramiento personal
salgamos
hacia el Círculo.

Siempre hay otros
más sabios que nosotros.
Escuchémoslos con humildad
y para nada, como en el pasado,
obedezcamos el impulso
de acallarlos a gritos.

Se lo debemos a todos los otros
que nos dejaron antes,
negros, blancos, rojos;
ya sabes,
los alegres
que habrían muerto
riendo

The Circle

I myself do not believe
in political parties
comprised, generally, in my experience, of so
many who
are not awake. Still, all options must be
presented by those who care.

An unbalanced wakefulness
can be as treasonous
as blind sleep.

Let there be a private counsel
first
with one's own heart.
One's own bright
or blighted
spirit and soul.

Then from that sacred spot
of personal centering
move outward
to The Circle.

There are always others
more wise than us.
Let us hear them with humility
and do not, as in the past,
obey an impulse
to shout them down.

We owe it to all the others
gone before us
black, white, red;
you know,
the merry ones
who would have died
laughing—

—si no les hubiesen
aplastado
este descaro—
por entrar preocupados aquí
en el futuro
que nos queda.

No hemos perdido
y no estamos perdidos
si nos mantenemos
con honor y respeto.

Hay un camino por delante
y sí
lleva un corazón
roto
pero es nuestro propio camino
colectivamente decidido,
pensado,
compartido.
El Círculo (¡llama a todos tus amigos!),
como la Iglesia,
en todas nuestras luchas
es una extensión de nuestros
inquebrantables,
confiables
y consoladores
brazos.

Como un sabio abuelo
que nos ama más
que a la vida misma
el Círculo nos envía hacia
el mundo
en la dirección que escojamos
fortificados
por su sabiduría colectiva
y su amor
movido por los ancestros.

if this cheekiness
had not been
crushed out of them—
to step thoughtfully here
into what future
there is left.

We have not lost
and are not lost
if we hold ourselves
in honor and respect.

There is a way forward
and yes
it is with a broken
heart
but it is our own way
collectively convened,
pondered,
shared.
The Circle (call all your friends!),
like the church
in all our struggles
an extension
of our unshakably
trustworthy
and consoling
arms.

Like a wise grandparent
who loves us
more than life itself
The Circle sends us out
into the world
in the direction we choose
fortified
by its collective wisdom
and ancestor driven
love.

El Rey se ha marchado para siempre: ¡Viva el Rey!

Figúrate, B.B. King,
que los he escuchado a ti y a Lucille
toda mi vida.
A veces cuando he estado triste
te he escuchado
y he pensado:
todo no puede ser tan malo;
estoy sobre el planeta y *él* también está
¡y cantando!

Es duro aceptar
esta partida de nuestro lado
que haz hecho.
Y sin embargo, qué cansado,
qué exhausto
debes de estar. Cantando
para nosotros todos estos años.
Y ¿qué comías?
me pregunto, sopesando
tu corpulencia;
en especial al principio
y por las puertas traseras
de cuántos "establecimientos
respetables".

¿Conoces esa palabra
"indomable"
que describe el júbilo
y el dolor de nuestra resistencia
al tedio, a la cesación,
al cansancio? Es así como
he pensado en ti. ¿Quién sabía
lo que te mantenía andando? Excepto
un espíritu que rehusó rendirse
al desespero.

———

The King Has Gone Away for Good: Long Live the King!

Imagine, B.B. King,
I have listened to you and Lucille
my whole life.
Sometimes when I have had the blues
I have listened to you
and thought:
it can't be all bad;
I am on the planet while *he* is here too
and he is singing!

It is hard to take
this leaving of us
that you have done.
And yet, how tired,
how exhausted
you must be. Singing
to us all these years.
And what did you eat,
I wonder, pondering your
portliness;
especially in the early days;
and at the back doors
of how many "respectable
establishments"?

You know that word
"irrepressible"
that describes the joy
and pain of our resistance
to dullness, giving up,
wearing out? That is how
I've thought of you. Who knew
what kept you going? Except
a spirit that refused surrender
to despair.

———

Cuando tenía tres o cuatro años
llevé a mi hija
a oírte cantar
en Misisipi. Estuviste
asombroso, mi palabra
y mi comentario favorito
para esta Vida.
Y tú, grande y oscuro
y radiante con tu clase especial
de imparable alegría,
besaste su tibia y encantada
mejilla
y sonreíste a su padre
y a mí, forajidos en esa tierra,
mientras permanecíamos sobrecogidos.

Esta pintura de Sherard Van Dyke
la encontré un día
en su estudio de Ámsterdam. Tú estabas en un caballete
Billie Holiday en otro.
Solo podía comprar un
cuadro.
Elegí a Billie pero tu retrato nunca dejó
mi corazón. Doce años después (o algo
así) llamé a Van Dyke
y ella recordó perfectamente
cómo yo había querido el tuyo.
Sabes qué, me dijo, cuando dije
que al fin podía comprar el B.B. Verde,
¡todavía lo tengo!

Y así cruzaste el océano,
cruzaste el continente. Cruzaste
mi sala a descansar
donde puedo verte
cada día. El verdor
de tu piel que "atestigua"
—palabra que te gustaba—

When she was three or four
I took my daughter
to hear you sing
in Mississippi. You were
"amazing," my favorite word
and observation
about this Life.
And you, large and dark
and radiant with your special
brand of unstoppable joy
kissed her warm delighted
cheek
and smiled at her father
and me, outlaws in that land,
as we stood in awe.

This painting by Sherard Van Dyke
I encountered one day
in her studio in Amsterdam. You were on one easel
Billie Holiday on another.
I could afford to buy one
painting.
I chose Billie but the painting of you never left
my heart. Twelve years later (or something
like that) I called Van Dyke
and she remembered perfectly
how much I had wanted you.
Guess what, she said, when I said
at last I could afford the Green B.B.,
I still have it!

And so you came across the ocean,
Across the continent. Across my living
room to rest
where I can see you
every day. The greenness
of your skin "testifying"
—a word you liked—

tu suprema
terrenalidad.

Gracias por estar aquí
mientras estoy aquí, mientras
estamos aquí, Alma Radiante.
Gracias por la orientación,
la verdad, la honestidad, la pasión,
la sinceridad (el más bello de los encantos,
me ha parecido)
gracias por tu especial oscuridad
que ilumina la sombra tanto como la luz. Mágica.

Todos esos días y noches
de gira
diste todo cuanto tenías,
tu forma
de morir rico.

Gracias por la enseñanza.

to your supreme
earthiness.

Thank you for being here
while I am here, while we
are here, Radiant Soul.
Thank you for guidance,
truth, honesty, passion,
sincerity (most beautiful of all charms,
I've found)
thank you for your special darkness
that illuminates both shadow and light. Magic.

All those days and nights
on the road
you gave all you had,
your way
of dying wealthy.

Thank you for the teaching.

Bienvenidos al picnic

Nunca logro desterrar la imagen
tuya, esposado, entre dos psicópatas
conducido a una desamparada
golpiza
que dejará tu cerebro dañado.
Por mucho que intente, tu solitaria caminata,
sin que la ciega justicia siquiera trastabille
tras de ti
o por algún lugar del entorno,
siempre me rondará:
mientras enfrentas a dos, tres, cuatro,
una docena
de criaturas desalmadas
que gozan golpeándote
hasta caer al suelo; cuando tus manos no solo están atadas,
sino, muestra de su verdadero valor,
fijadas a tu espalda.
Qué se nos recuerda:
los hombres esclavizados trabajando hasta morir
en siete años
sus cabezas rotas
cuando ya no podían trabajar más
sus cuerpos, sus huesos,
blanqueados con el tiempo; y exactamente bajo el sitio
donde caían: dónde sino Wall Street.
O las plantaciones
y cientos de años de esto.
Golpizas, golpizas a muerte.
Golpizas hasta la incontinencia. Golpizas hasta el daño cerebral.
Una amiga me dice que nunca emplea la palabra
picnic por esta misma razón: que las madres
y los padres y hermanos e hijos de los psicópatas
asistían a la golpiza, al ahorcamiento, al descuartizamiento,
el destripamiento o cualquier otra cosa imaginable
para entretenerse en un linchamiento
y traían cestas con comida
para disfrutar del espectáculo. La tortura de los Pickaninny*

Welcome to the Picnic

I can never banish the image
of you, manacled, between two psychopaths
being marched to a defenseless
beating
that will leave your brain injured.
Try as I might, your lonely walk,
blind justice not even stumbling
behind
or anywhere in the neighborhood
will forever haunt me:
as you face two, three, four,
a dozen
soulless creatures
who enjoy beating you
to the ground; when your hands are not only tied,
but, demonstrating their true courage,
fastened behind your back.
Of what are we reminded:
the enslaved men worked to death
in seven years
their heads bashed in
when they could no longer work
their bodies, their bones, turning up
white with time; and directly underneath
where they fell: Where, but Wall Street.
Or the plantations
and hundreds of years of this.
Beatings. Beatings to death.
Beatings to incontinence. Beatings to brain damage.
A friend tells me she never uses the word
"picnic" for this very reason: it reminds her that the mothers
and fathers and brothers and children of the psychopaths
came to the beating, hanging, quartering
eviscerations or whatever else could be imagined
to entertain at a lynching
and brought baskets of food
to enjoy with the show. The torture of the Pickaninny

la palabra que para ella suena demasiado como "picnic"
y usualmente se empleaba para la victima
con independencia de su edad
era la atracción ansiosamente esperada.
Si tenían suerte, estas familias de picnic, podían
llevar trofeos a casa. Trofeos a veces chamuscados
por las llamas. Dedos, orejas, pulgares.
Un pie. ¿Recuerdan que DuBois vio esos pies humanos
en la vidriera de un carnicero en el centro de Atlanta?
Hermano, Hermana, Hijos,
no están locos por sentirse
enloquecidos aquí.
Al comprender esto, podrán percibir
una mayor calma exterior
y una indestructible paz interior. Hemos vivido en el alma
de la brutalidad desde el comienzo de nuestras relaciones aquí.
La dureza de conocer nuestro viaje
podría fácilmente quitarnos la alegría. ¡Aprender a no extender
nuestra calamidad!
Para eso están
los maestros.

N. del T.: Término racista para referirse a los niños negros

the word that to her sounds too much like "picnic"
and was often used for the victim
whatever his or her age
was the eagerly anticipated attraction.
If they were lucky, these picnicking families, they
got to take home trophies. Trophies sometimes seared from
the flames. Fingers, ears, toes.
A foot. Remember how DuBois saw those human feet in a
butcher's window in downtown Atlanta?
Brother, Sister, Children,
you are not crazy to feel crazy
here.
Understanding this, may you realize
a greater exterior calm
and an unshakeable inner peace. We have lived within the soul
of brutality from the beginning of our connections here.
The harshness of knowing our journey
could easily steal our joy. To learn not to extend
our disaster!
That is what teachers
are for.

La lección

Están locos. ¿Era la respuesta
que nos daban cuando niños al preguntar por qué?
Por qué abusaban, maltrataban, ofendían, degradaban,
por qué linchaban, asesinaban, mataban. ¿No tenían acaso
    sentimientos de vergüenza o tristeza,
no los punzaba el remordimiento?
Están enfermos, decían nuestras abuelas. Luego, no,
no solo están enfermos. La enfermedad podríamos curarla
con hierbas.
Están locos. Esto solo podría curarse
con aislamiento pero son tantos y están por todas partes.
Era tan pequeña que podía ver la realidad: nosotros también somos
    muchos, Abuela, me ofrecí,
nosotros también estamos por todas partes.

The Lesson

They are crazy. That was the answer
we received as children as we wondered why?
Why did they abuse, mistreat, slander, degrade,
why did they lynch, murder, kill. Was there no feeling of shame or
     sadness
no tickling of remorse?
They are sick. Our grandmothers said. Then, no,
they are not just sick. Sickness we might cure
with herbs.
They are crazy. This might only be cured
with isolation but there are so many and they are everywhere.
I was so little I could see reality: So are we so many, Grandmama, I
     offered,
we too, are everywhere.

Todos los anuncios de autos veloces parecen alocados ahora

¿Has notado cómo
los anuncios de autos veloces
parecen alocados ahora?
Hela ahí, rubia,
el color de pelo (tal vez de un frasco)
contaminando el medioambiente
y dañando su cerebro
pero copiado por algunas de las
personas del mundo
con más lavado de cerebro a pesar de su
inteligencia
que solían realmente disfrutar
de los muchos colores y muchos rizos
de sus propios cabellos.
El pelo de él es más oscuro. Siempre.
¿Por qué es así? ¿Está tratando de
hacer pasar su sospechoso
ADN
por uno perteneciente
al mundo "libre"?
Supongamos que en verdad
ella es pobre.
Supongamos que el empleo real
que él tiene se envía a China.
No parece importar
en los anuncios.
Es lo que te hacen
pensar:
en algún sitio hay gente
libre:
están riendo;
están felices;
son rubios
y el hombre de pelo oscuro
espera que al menos
sus hijos también lo sean.
¿Qué locura es esta?

All the Fast Car Ads Look Crazy Now

Do you notice how all
the fast car ads look
crazy now?
There she is, blonde,
hair color (if from a bottle)
polluting the environment
and affecting her brain
but copied by some of the most
brainwashed though
intelligent
people on the planet
who used to actually enjoy
the multi-colors and multi-fuzzies
of their own hair.
His hair is darker. Always.
Why is this? Is he attempting
to pass off his suspect
DNA
as belonging
to the "free" world?
Suppose she's really poor
though?
Suppose his real job
was shipped to China.
It doesn't seem to matter
in the ads.
It's what you're made
to think of:
somewhere there are free
people:
they are laughing;
they are happy;
they are blonde
and the dark-haired man
is hoping at least
his children will be.
What madness is this?

Pasan a toda velocidad por tu pantalla
riendo.
Nunca parecen pensar
en Chernobil
y los lacerados niños almacenados
en Rusia
y Escandinavia.
Ni parecen preocupados
por Fukushima
y las motas de radiación
en el aire y el mar
que se devoran a California
Canadá y México.
Están riendo,
el auto que manejan es veloz.
Ellos son veloces.
Todo está bien en su mundo.
El anuncio está hecho para venderte su
seguridad.
Ese mundo de libertad, velocidad
y falta de preocupación
pretende parecer enorme.
Pero en verdad
no es mayor que tu pantalla.
Apágala.
Ocúpate de tu motocicleta,
del farol roto afuera
de tu ventana,
de la basura
que despoja
la belleza
de tu lenta,
pero más grande que la pantalla,
calle del
pueblo.

They go careening across your screen
laughing.
They never seem to think
about Chernobyl
and the warehoused defective
children in Russia
and Scandinavia.
Nor do they appear worried
about Fukushima
and the plumes of radiation
in air and ocean
eating California,
Canada and Mexico.
They are laughing,
the car they drive is fast.
They are fast.
All is well in their world.
The ad is meant to sell you their
security.
That world of freedom, speed,
and lack of care,
is meant to seem large.
But really it is
no bigger than your screen.
Turn it off.
Attend to your motorbike,
the broken lamppost outside
your window,
the rubbish
despoiling
the beauty
of your slow
but larger than screen size
village
street.

Prende una vela

para Raif Badawi

El gobierno saudita ordenó mil latigazos y diez años de prisión para Raif Badawi por "insultar el islam".

La oscuridad aumenta.
Invierno en Gaza.
Los bebés mueren congelados.
Los soldados disparan a niños
apuntándoles a los ojos.
Prende una vela por todos nosotros.
Prende una vela por los niños.
Prende una vela por la justicia ciega.
Prende una vela
por la muerte
de la esperanza
en Arabia Saudita.
Y aunque es difícil
mirar
y más difícil aún permitirnos
sentir:
pensando: ¿Qué puedo
hacer?
Prende una vela
y di una plegaria
por este hombre.

Light a Candle

for Raif Badawi

The Saudi Arabian government ordered one thousand lashings and ten years in prison to Raif Badawi for "insulting Islam."

Darkness is gaining.
Winter in Gaza.
Babies freeze to death.
Soldiers shoot children
aiming for their eyes.
Light a candle for us all.
Light a candle for the children.
Light a candle for blind justice.
Light a candle
for the death
of hope
in Saudi Arabia.
And though it is hard
to look
and harder to let ourselves
feel:
thinking: What can
I do?
Light a candle
and say a prayer
for this man.

Mi 12-12-12
Zapata, México

Nos dijeron que debíamos estar listos
antes del amanecer
y justo al amanecer
Manuel vino por nosotros.
Cabalgamos en silencio mientras
se hacía de día
para unirnos
a una lentamente creciente muchedumbre
de gente
de las afueras
de Zapata.
Hay muchos Zapatas en México.
Y muchos Villas
hay que decirlo.
Pero allí estábamos
un pequeño contingente
esperando por Ella.
Una monja apareció primero,
por supuesto,
al suceder esto cientos de años
después.
Me cayó bien, no obstante; nos condujo
en el canto.
Y pronto, efectivamente,
apareció Ella.
Morena, esbelta,
triste y muy joven,
quizá aún lánguida
por el sueño interrumpido,
la encarnación este año
de La Virgen de Guadalupe.
Temblando un poquito
en la frialdad de la mañana
se echó su verde manto
que tendía a rodarse
con más seguridad sobre

My 12-12-12
Zapata, Mexico

They told us we must be ready
before dawn
and just at dawn
Manuel came for us.
We rode in silence as the day
was breaking
to join
a slowly building crowd
of people
on the outskirts
of Zapata.
There are so many Zapatas in Mexico.
And many Villas
it must be said.
But there we were
a small contingent
waiting for Her.
A nun showed up first,
of course,
this being hundreds of years
later.
I liked her though; she led us
in song.
And soon, sure enough,
She appeared.
Brown, slender,
somber and very young,
maybe still languid
from interrupted sleep,
this year's incarnation
of La Virgen de Guadalupe.
Shivering a bit
in the morning chill
she wrapped her green mantle
that tended to slip
more securely over her

su amable cabeza. Con ayuda
de muchas manos,
de vecinos
y amigos,
subió a la parte posterior
de la camioneta
que esperaba.
Yo habría podido empezar a llorar
allí mismo. Pero no, me contuve.
Aunque la felicidad y el amor
manaban tras mis párpados.
Han sobrevivido, pensé.
Mientras los manifestantes, y nosotros,
mi compañero y yo,
nos incorporábamos
detrás del camión.

Nuestra monja cantaba y rezaba
y nosotros dos
tarareábamos las partes
de la letanía
(la mayoría de ellas)
que no entendíamos.
Dios te salve María, llena eres de gracia,
ruega por nosotros ahora
y en la hora
de nuestra muerte.
Lo único
que entendíamos totalmente,
rezábamos
y esperábamos,
¡también, en la muerte,
se aplicaría a nosotros!
Comenzamos a caminar.
Eran solo tres o cuatro millas.
Cruzamos un río.
Vimos a lecheros en la mañana temprana
en la breña
ordeñando vacas.

loving head. With the help
of many hands,
her neighbors
and friends,
she climbed into the back
of the waiting
pickup truck.
I could have started weeping
right there. But no, I held on.
Though happiness and love welled up
behind my eyelids.
They have survived, I thought.
As the marchers, and we,
my companion and me,
fell in
behind the truck.

Our nun singing and chanting
and the two of us
humming the parts
of litany
(most of them)
we did not understand.
Hail Mary, Full of Grace
pray for us now
and in the hour
of our death.
The only thing
we thoroughly understood
chanted
and hoped
would also, at death,
apply to us!
We began to walk.
It was only three or four miles.
We crossed a river.
We saw early morning dairymen
in the brush
milking cows.

Vimos campos y colinas
de esta muy hermosa parte
del hermoso México.
La Virgen nos guió
fielmente. Tan joven, tan morena, tan de largo pelo oscuro.
Su cara que solo dos veces se abrió en sonrisa
que nos bañó, al caminar detrás de Ella,
con Su resplandor.
El sol apareció nomás brevemente,
el día estaba quieto, nublado
y en calma.

Sí, terminamos,
el camión y todos
nosotros, afuera de un convento
donde la monja y el sacerdote
esperaban.
Pero la ceremonia
que asociaba a las Vírgenes
María y La Señora de Guadalupe
tuvo lugar
en la Naturaleza
afuera
bajo árboles protectores.
Y esto también
emocionó mi corazón. Pues me siento más
a gusto con la Otra,
la que crea
los espacios abiertos
con toda tranquilidad.

Cantamos y tarareamos,
nos levantamos y nos sentamos
(detrás de nosotros aparecían sillas
de la nada)
hasta la última canción,
entonces volvimos
sobre nuestros pasos.
Adoloridos en muslos y pies

We saw fields and hills
of this most beautiful part
of beautiful Mexico.
The Virgen led us
faithfully. So young, so brown, so long of dark hair.
Her face only twice breaking into a smile
that showered us, walking behind Her,
with Her radiance.
The sun appeared only briefly,
the day was still, overcast
and calm.

Yes, we ended up,
the truck and all
of us, outside a convent
where the nun and the priest
were waiting.
But the ceremony
linking the Virgens
Mary and La Señora de Guadalupe
occurred
in Nature
outside
beneath sheltering trees.
And this also
moved my heart. For I am more
at home with the other Her,
the one who creates
the out of doors
so casually.

We sang, and hummed,
stood and sat
(chairs materializing behind us
out of thin air)
until the last song,
then turned
to retrace our steps.
Sore in thigh and foot

pero realizados.
A medio camino
volvimos a cruzar el río
el cual
raro para esta época del año
tenía mucha agua.
Me senté, abanicándome, en la baranda del puente.
Ahora estoy dentro del cuadro,
dije a mi compañero
que temía que me cayera.
No me importaba, realmente,
pero le
aseguré
que cuido más de mi vida
de lo que parece. Reconozco
el regalo que es para mí; por gratitud
la protejo.
Sí, ahora estoy dentro del cuadro,
pero no simplemente mirando
la pintura.
Y pensé en esto
mientras andaba penosamente por un camino antes desconocido
en el corazón de México,
que ahora conozco muy bien;
sentí alegría y alivio
por ver a otra Virgen
mi hermana mexicana
Yolanda
correr hacia nosotros
en su nueva Pathfinder*
viniendo con agua fría
y deliciosa
papaya fresca
para rescatarnos a todos
y, sonriendo, liberarme.

*N. del T.: Marca de camioneta

but fulfilled.
Halfway back
we recrossed the river
which
unusual for this time of year
was full of water.
I sat, fanning myself, on the railing of the bridge.
I am inside the picture now,
I said to my companion
who feared I might fall.
I did not care, really,
but assured
him
I am more careful of my life
than it might appear. I recognize
the gift it is to me; out of gratitude
I protect it.
Yes, I am inside the picture now,
not just looking
at the painting.
And I thought of this
while trudging down a once unknown road
in the heart of Mexico
that I now know very well;
feeling joy and relief
to see another Virgen
my Mexican sister
Yolanda
speeding toward us
in her new Pathfinder
coming with cool water
and delicious
fresh papaya
to rescue all of us
and, smiling, deliver me.

Y en la caja roja

para Obenewa, hija africana, en Navidad

Y en la caja roja
atada con cintas rojas
dime que está la justicia
y libros para los niños
dime que hay
un bocadillo
para el hombre
hambriento
en la esquina.
Dime que cuando la Navidad
llegue
la paz
y un fuego cálido
la felicidad
y
la alegría
el fin
del egoísmo
con ella llegan.

And in the Red Box
for Obenewa, African daughter, at Christmas

And in the red box
tied with red ribbons
tell me justice lies
and schoolbooks for children
tell me there is
a sandwich
for the man
starving
on the corner.
Tell me when Christmas
comes
peace
and a warm fire
happiness
and
joy
an end
to selfishness
comes with it.

Cumplías dieciséis

Cumplías dieciséis
e ibas camino a recoger
tu torta
de cumpleaños.

Mi compañero presenta
fotografías
de tu maltrecha
cabeza
que no puedo
ver.

Has muerto por los golpes.

Mira a la soldado
me dice
cuando ve
que mis ojos
miran a otro lado:
De dieciséis también,
quizá.
Vestida con el verde
apagado
de la policía de su país;
demasiado joven
para imaginar
mientras posa
sobre su muerto
que ha asesinado
un sueño de juventud
que la rondará
por toda su vida.

You Were Sixteen

You were sixteen
and on your way to pick up
your birthday
cake.

My partner offers
photographs
of your battered
head
that I cannot
view.

You have died under the blows.

Look at the soldier
he says
when he sees
my eyes
are turning away:
sixteen too,
perhaps.
Dressed in the olive
drab
of her country's
police; too young
to imagine
as she poses
above her kill
that she has murdered
a dream of youth
that will haunt
her
her whole life.

Plenitud del corazón

para la gente de Bab Al Shams, campamento Puerta del Sol
en Palestina

Nunca nos arrepentiremos
de haber nacido en
este tiempo cruel
pues lo reconocemos
por lo que es: la época de la plenitud
del corazón.
Cuando el corazón, cada día,
se llena por completo
y se desborda
de amor
del pueblo:
de los hijos del
pueblo, que lanzan piedras contra los tanques,
de las mujeres del pueblo
que combaten la supresión;
de los hombres del pueblo
que arriesgan todo
por la dignidad
y la paz.

Plenitud del corazón.

¿Qué es la plenitud del corazón
sino un corazón
lleno
una garganta llena
unos ojos llenos
de lágrimas?
No lamentamos las lágrimas
porque nosotros, la gente
del mundo,
nos estamos levantando firmes
unidos
al fin
por Palestina.

Fullness of Heart

for the people of Bab Al Shams, Gate of the Sun encampment
in Palestine

We will never regret
having been born in this
cruel time
for we recognize it
for what it is: the time of fullness
of heart.
When the heart, on a daily basis
fills to capacity
and overflows
with love
of the people:
of the people's
children, throwing stones against tanks,
of the people's women
combatting erasure;
of the people's men
risking all
for dignity
and peace.

Fullness of heart.

What is fullness of heart
but a heart
filled
a throat filled
eyes filled
with tears?
Tears we do not regret
because we the people
of the world
are standing fast
together
at last
on Palestine.

¿Quién sabe qué sucederá después?
La locura tiene una larga vida útil.
Todo lo que sabemos
es que ahora es el momento
para vivir la vida al máximo
y sin
pesar.

Hablo por mí
y también creo
que por ti.
Nos estamos levantando
unidos al fin.
Por Palestina.
Nuestras lágrimas
no menos que nuestra sangre
son nuestro adhesivo.

———

Who knows what will happen next?
Craziness has a long shelf life.
All we do know
is now is the time
to live life to the full
and without
regret.

I speak for myself
and I believe also
for you.
Standing fast
together at last.
For Palestine.
Our tears
no less than our blood
our glue.

Aloisea Inyumba, presente

Aloisea, mi hermana menor,
fue amor a primera vista.
Allí estabas parada
en el jardín del complejo
presidencial
junto con su otra inquilina tu hermana
y ambas reían nerviosamente
como muchachas de Spelman
en un té en Morehouse.*
Vi en ti a mi compañera de cuarto
de Uganda
con su orgullosa y honesta
mirada;
su estoica falta
de pretensión:
Vi a mis otras condiscípulas
de Kenia, Tanganika
Sierra Leona
y
la siempre
desafiada
Liberia.
Dorcas, Constance,
Mary, Caroline.
No eran sus nombres verdaderos
para nada; aunque no
entendería esto hasta mucho más tarde.
Aloisea Inyumba,
tú podías mantener,
vivir,
ofrecer
con tus sabios y audaces ojos,
la que eras realmente.
Por esto, los afroamericanos
podríamos haberte envidiado.
Pero el amor a tu mirada libre
echaría abajo esto.

Aloisea Inyumba, Presente

Aloisea, my younger sister,
it was love at first sight.
For there you stood
in the garden of the presidential
compound
along with its sister occupant
and you were both giggling
like Spelman girls
at a Morehouse tea.
I saw in you my roommate
from Uganda
with her proud and honest
gaze;
her stoic lack
of pretension:
I saw my other classmates
from Kenya, Tanganyika
Sierra Leone
and
the always
challenged
Liberia.
Dorcas, Constance,
Mary, Caroline.
Not their real names
at all; though I would not
understand this until much later.
Aloisea Inyumba,
you were able to keep,
to live under,
to offer
with your wise and fearless eyes
who you really were.
For this, we black Americans
might have envied you.
But love of your free look
would demolish this.

¡Y tú estabas tan clara!
Mientras visitábamos los orfanatos
y las oscuras y polvorientas chozas
llenas de desnutridos
a quienes juraste
alimentar y albergar correctamente:
Esta miseria no es parte del sueño de Ruanda,
dijiste. *¡Cambiaremos esto!*
Me mostraste lugares y compartiste experiencias
que no podía creer
que existieran realmente.
La respuesta de una mujer al problema
de la gente sin hogar
en especial niños sin hogar
es llevarlos
al propio hogar.
Los niños no han nacido
para vivir en orfanatos. No parecía dudar
tu mente
sobre esto.

Aloisea Inyumba.
Tú eras la más hermosa
de todas las bellezas
que presencié
en tu hermoso país.
Zainab, nuestra amiga,
también guerrera estelar
por el bien de mujeres y niños
y por su inclusión
en el bienestar del mundo,
también una guerrera por el bien
de los hombres,
me dijo de tu muerte.

Todo lo que pude pensar en ese momento
fue: *¿También esto? ¿Cómo podemos soportarlo?*
Estaba tan deshecha al oír esta noticia que no pude llorar
hasta ahora.

And you were so clear!
As we poked into orphanages
and dim and dusty huts
filled with the malnourished
whom you vowed
to feed and properly shelter:
This misery is not part of Rwanda's dream,
you said. *We will change it!*
You showed me places and shared experiences
I could not believe
could actually exist.
A woman's answer to the question
of homeless people
especially homeless children
is to take them
into one's home.
Children were not meant
to live in orphanages. There seemed no doubt
in your mind
about this.

Aloisea Inyumba.
You were the most beautiful
of all the beauties
I witnessed
in your beautiful country.
Zainab, our friend,
also a stellar warrior
for the good of women and children
and by their inclusion
in the health of the world,
also a warrior for the good
of men,
told me of your death.

All I could think of at that moment
was: *This too? How can we bear it?*
I was so undone to hear this news I could not weep
until now.

Pues recordé no solo tu trabajo incansable
por tu pueblo y tu lealtad a tus
amigos que trabajaban a tu lado, bien fuera en altos
o bajos puestos,
recordé tu generosidad.
Alice, dijiste,
cuando te dije: ¡Amo Ruanda!
vuelve y vive aquí.
Me reí.
No, dijiste, con toda seriedad:
Vuelve. Aquí estás en tu casa.
Y te digo más: Cuando vuelvas
veré que te den un pedazo de tierra
para cultivar tu jardín
y, dijiste sonriendo pícara,
lo mejor de todo,
¡te daremos vacas!
¡Vacas!
Otro amor de mi vida, tal y como, al parecer,
son el amor de las vidas
de muchos ruandeses.

¿Cuál es el sueño, Aloisea?
Dejémoslo claro otra vez,
mientras el mundo se reanima
a posibilidades
hasta este momento
apenas imaginadas:
¿Es el de una nación pacífica
en la cuál cada niño es deseado
y adorado;
donde cada mujer
tiene una voz,
donde la dignidad de cada hombre
se arraiga en la no violencia?

Oh, mi hermana amada,
caminar contigo en un huerto
de coles y tomates,

For I remembered not only your tireless work
for your people and your loyalty to your
friends who worked beside you, whether in high places
or in low,
I recalled your generosity.
Alice, you said,
when I said to you: I love Rwanda!
Come back and live here.
I laughed.
No, you said, in all seriousness:
Come back. You are home here.
And I tell you what: When you come back
I will see to it that you are given a plot of land
to grow your garden on
and, you said smiling impishly,
best of all,
we will give you cows!
Cows!
Another love of my life, as, apparently,
they are the love of the lives
of many Rwandans.

What is the dream, Aloisea?
Let us make it clear again,
as the world reawakens
to possibilities
until now
barely thought:
Is it the peaceful nation
in which every child is wanted
and adored;
where every woman
has a voice?
Where every man's dignity
is rooted in nonviolence?

Oh, my beloved sister,
to walk with you in a garden
of collards and tomatoes,

descansar en una ladera en Ruanda
rodeadas de nuestras vacas...
Dicha total.
Otras mujeres de África
vivirán este sueño
después de nosotras.
Pero eres tú quien
en tus pocos años
lo salvaste
refulgente
para todos nosotros.

* N. del T.: Spelman y Morehouse son colegios universitarios para mujeres y hombres
respectivamente, en Atlanta, Georgia

Descansa en lo *Bien Hecho*, hermana querida
de nuestro clan. Aloisea Inyumba:
Ministra de Género y Familia;
Kigali, Ruanda.

to rest on a hillside in Rwanda
flanked by our cows . . .
Bliss.
Other women of Africa
will live this dream
after us.
But it is you who
in your brief years
saved it
shining
for us all.

Rest in *Well Done*, beloved sister
of our clan. Aloisea Inyumba:
Minister of Gender and Family;
Kigali, Rwanda.

Confieso no entender la mente que necesita causar este sufrimiento

para Nurit Peled que me envió la fotografía Palestinos camino al trabajo; Rutina matinal

Confieso
no entender la mente
que necesita causar esto: trabajadores palestinos
amontonados como ganado
en una larga fila
para ir a sus lugares de mal pagados
empleos.
¿Cuán feliz puede hacerte
causar este sufrimiento?
¿Cuánto puedes dormir
cuando se acerca la mañana
y pretendes no saber
que ellos emprenden penosamente
su camino?
Soportando insultos
cuantiosos por milla.
Con frío,
hambrientos
increíblemente pobres.

Con náuseas
por el dolor
y el miedo
pero andando fatigosa, desesperadamente
hacia delante.
Por la gente
por los niños
por el orgullo de ser
quienes son ahora y quienes fueron antes.
Sin detenerse nunca.
Caminando penosamente adelante:
hacia la gélida
bienvenida
de tu puerta trasera.

I Confess I Do Not Understand the Mind That Needs to Cause This Suffering

for Nurit Peled who sent me the photograph Palestinians Going to Work—Morning Routine

I confess
I do not understand the mind
that needs to cause this: Palestinian workers
herded like cattle
in a long line
to their places of ill paid
employment.
How happy can you make yourself by
causing this suffering?
How long can you sleep
as morning comes
and you pretend they are not
trudging
your way?
Withstanding insults
so many to a mile.
Cold
hungry
unimaginably poor.

Nauseated
from grief
and fear
but trudging desperately
onward.
For the people
for the kids
for the pride of being
who they are now and were before.
Never stopping.
Trudging onward:
toward the frigid
welcome
of your back door.

No es de aquí

(de *Chitauri Blues*, una obra en proceso)
para la querida Kaleo que me abrió esta puerta

Cualquiera que desprecie a los elefantes excepto por sus colmillos
no es de aquí.
Cualquiera que decapite montañas
no es de aquí.

Cualquiera que asesine
ríos, océanos,
y el aire
no es de aquí.

Cualquiera que "desaparezca" continentes
de búfalos
y zorros, tortugas y selvas tropicales
petróleo, oro, diamantes
y sándalo
no es de aquí.

Usted puede seguir durmiendo
si quiere.

Pero esa es la manera más fácil
de decir
quién no es terrícola.

Deje
de quedarse dormido
ante esto.

(Los grandes traficantes de droga,
que tiran de las cuerdas mundiales,
no los adolescentes con sus
lamentables
bolsas de marihuana,
no son de aquí).

———

Not from Here

(from *Chitauri Blues,* a work in progress)
for beloved Kaleo who opened this door to me

Anybody who despises elephants except for their tusks
is not from here.
Anybody who decapitates mountains
is not from here.

Anybody who assassinates
rivers, oceans,
and the air,
is not from here.

Anybody who "disappears" continents
of buffalo
and foxes, turtles and rain forests
oil, gold, diamonds
and sandalwood
is not from here.

You can sleep on
if you like.

But this is the easiest way
to tell
who is not Earthling.

Stop
nodding off
about this.

(The big-time drug dealers,
pulling global strings,
not the teenagers with their
pitiful
nickel bags,
are not from here.)

——

Los terrícolas
ven la hierba
(los caciques Joseph y Seattle
por ejemplo)
como el cabello
de la cabeza de la madre,
las piedras
como sus huesos
y dientes.

El petróleo y el agua
como su sangre y su sudor.
Las vetas de oro
como sus meridianos.

Los diamantes sus lágrimas
por la tensión,

el sándalo su perfume.

La terrícola
pone sus pies sobre
los hombros de la madre,
agradecida.

Ella no es de *allá* fuera
(donde el concepto de madre puede incluso no existir).
Ella sabe
que es
de aquí.

Nos han desplazado
casi totalmente
de nuestras propias mentes
de nuestras almas
y—debido a este
abandono fatal—
de nuestro indefenso
planeta.

Earthlings
see grass
(Chiefs Joseph and Seattle
for example)
as hair
on the Mother's head
rocks
as her bone
and teeth.

Oil and water
as her blood and sweat.
Veins of gold
as her meridians.

Diamonds her tears
of stress,

sandalwood her perfume.

The Earthling
has her feet on the
Mother's shoulders
gratefully.

She is not from out *there*
(*Where the concept of Mother might not even exist.*)
She knows
she is
from here.

They have removed us
almost completely
from our own minds
our souls
and from our defenseless
—because of this
fatal absence—
planet.

———

Estamos desvaneciéndonos.

El bocado que somos para ellos
no necesita de conciencia.

Los que son
de *allá*.

Pero tomemos nuestro lugar
no obstante
como seres terrestres:
somos de aquí
y
al despertar
decidamos no
dormirnos otra vez
u olvidar
que proteger
a la Madre Tierra
(y al Padre Cielo
que también está bajo
ataque)
es protegernos
todos nosotros
que somos
de aquí.

Cósmicos locales
que rechazamos dejar
que nuestro oscuro Paraíso
de la galaxia trasera
sea violado, ensuciado y
saqueado
ante nuestros
heridos
ojos
por turistas cósmicos.

———

We are in swoon.

The snack we are to them
has no need of consciousness.

The ones who are
from *there*.

But let us take our stand
nonetheless
as Earthlings:
we are from here
and
on awakening
let us resolve not
to fall asleep again
or forget
that to protect
Mother Earth
(and Father Sky
who is also under
attack)
is to protect
us all
who are
from here.

Cosmic locals
who refuse to have
our obscure, back galaxy
Paradise
raped, trashed and
cannibalized
before our
stricken
eyes
by cosmic tourists.

Te lo digo, Desanimado, venceremos

Te lo digo
Desanimado
venceremos.
Y te mostraré
por qué.
Somos los descendientes
de los desechados
por ignorancia:
hacemos salir
el sol
con nuestras sonrisas
y extraemos música
de la basura.
¿Quien puede hacer desaparecer
por completo
tal genialidad?

Es por eso que la humanidad
merece que
se la ame.
Feroz,
apasionadamente.
Sin un momento
de contención.
Solía pensar
que solo
a los africanos
los amaba tan osadamente.
Después pensé que era
a los indoamericanos;
luego a los mexicanos
los vietnamitas
los guatemaltecos
los camboyanos
los laosianos
los nicaragüenses
los cubanos

I Am Telling You, Discouraged One, We Will Win

I am telling you
Discouraged One
we will win.
And I will show you
why.
We are the offspring
of the ignorantly
discarded:
we conjure
sunrise
with our smiles
and provoke music
out of trash.
Who can completely
disappear
such genius?

This is why humanity
is worth
loving.
Fiercely.
Passionately.
Without a moment
of holding back.
I used to think
it was only
Africans
I loved so dangerously
then I thought it was
Indians;
then Mexicans
Vietnamese
Guatemalans
Cambodians
Laotians
Nicaraguans
Cubans

los haitianos
los salvadoreños...
todos
esos seres queridos
de quienes tanto
se ha mentido.
Pero no, es a todos nosotros.
Es a la humanidad.
Somos especiales.
Si no me crees
tómate tu tiempo para despertar
y realmente atestiguarlo
por ti mismo.

Haitians
Salvadorans . . .
all
those dear ones
so endlessly
lied about.
But no, it is all of us.
It is humanity.
We are special.
If you don't believe me
take the time to awaken
and truly witness
yourself.

Nunca estamos solos

un poema para Celia Sánchez

Nunca estamos solos.
Busca que siempre
te sorprenda.
No hay fin a la alegría
de descubrir
así como no hay fin
para el asombro.
Los que dan sus vidas
por la verdad y el pan
por el triunfante
destello de una vivaz
buganvilia
incluso mientras
mueren
de indescriptibles
maneras
o cuya última visión
es una simple margarita
que todavía se afana
en el rincón
de un prado
que se seca
nunca han apartado
sus brazos
nunca han dejado
de tenerlos
a nuestro lado.

We Are Never Without Help
A Poem for Celia Sánchez

We are never without help.
Look for it always
to surprise you.
There is no end to the joy
of discovery
just as there is no end
to amazement.
Those who give their lives
for truth and bread
for the triumphant
flash of a vivid
bougainvillea
even as they
die
in unspeakable
ways
or whose last notice
is of a simple daisy
still striving
in a corner
across
a drying lawn
have never taken
their arms
away
never taken
them away
from being
around us.

Los buenos

para Hugo Chávez, presente

Los buenos
que escuchan
a las mujeres
a los niños y a los pobres
mueren demasiado pronto,
sus vidas entorpecidas
por la oposición:
nuestros corazones lloran por ellos.

Este fue el mundo que mi padre conoció.

Un hombre pobre
vio hombres buenos venir y sobre todo irse;
dejando detrás
a los abandonados y desposeídos.
Gente con esperanza, sueños ¡y tanto
trabajo arduo!
Anhelando un futuro
de repente
coartado.

Pero hoy
me escribes que todo está bien
aunque el admirable
Hugo Chávez
ha muerto esta tarde.

Nunca más oiremos esa voz
de cólera e indignación
razonadas,
de visión apasionada
y de triunfo.

Esto es verdad.

——

The Good Ones
for Hugo Chávez, Presente

The good ones
who listen
to women
to children and the poor
die too soon,
their lives bedeviled
by opposition:
our hearts grieve for them.

This was the world my father knew.

A poor man
he saw good men come and mostly go;
leaving behind
the stranded and bereft.
People of hopes, dreams, and so much
hard work!
Yearning for a future
suddenly
foreclosed.

But today
you write me all is well
even though the admirable
Hugo Chávez
has died this afternoon.

Never again will we hear that voice
of reasoned anger
and disgust
of passionate vision
and of triumph.

This is true.

———

¡Pero cuánto hizo en sus cincuenta y ocho años!
dices.
¡Qué poderoso jaleo
armó Hugo Chávez!

Esto es también verdad.

Gracias por recordármelo.

Que aunque la vida
—esta espiral sin fin—
ha pasado por nuestro lado hoy
pero llevándose
en la muerte
a un héroe
de las masas
es su espíritu
de cariño
ferozmente franco
lo que no se pierde.

Esa herencia
ha ido inmediatamente
a la gente
a quien escuchaba
y es allí
donde esperaremos
que se levante
tan pronto como
mañana mismo;
y allí
donde
la encontraremos
pronto otra vez
para siempre.

But what a lot he did in his 58 years!
you say.
What a mighty ruckus
Hugo Chávez made!

This is also true.

Thank you for reminding me.

That though life—
this never-ending loop—
has passed us by today
but carried off
in death
a hero
of the masses
it is his spirit
of fiercely outspoken
*cariño**
that is not lost.

That inheritance
has gone instantly
into the people
to whom he listened
and it is there
that we will expect it
to rise
as early as
tomorrow;
and there
that
we will encounter it
always
soon again.

* *affection*

¿Qué hace falta para ser feliz?

para Stephane Hessel, quien parecía saberlo

Incluso en esos días
la noticia es absolutamente mala.
Y todo lo que puedes hacer es salir de la cama
y si falla esto
agradecer que tienes una cama de donde no salir.
¿Qué hace falta para hacernos sonreír
cuando sentimos el filo de la espada
de la cólera y el odio
sobre el dorso
de nuestros pacíficos cuellos?
¿Qué hace falta
para alzarnos juntos
como si hubiéramos crecido así?
¿Qué hace falta para saber
que el día de la paz y la justicia
alguna vez llegará
sin importar quién
está dirigiendo
tan mal el tráfico?
¿Qué hace falta
para sentir una alegría tan fuerte
que casi puedes levitar?
Lo único que hace falta, realmente,
es presencia,
saber que tú y los que sienten
como tú,
ignorando obstáculos
llegarán.
Harán frente a las fugas, los desaires,
las noches de preguntarse
si y por qué:
los años del dolor a veces requerido
para saber
dónde es más esencial
aparecer.

What Does It Take to Be Happy?

for Stephane Hessel, who seemed to know

Even on those days
the news is fully bad.
And all you can do is get out of bed
and failing that
give thanks you have a bed not to get out of.
What does it take to make us smile
when we feel the sword of anger
and hatred
sharp against the backs
of our peaceful necks?
What does it take
to make us stand together
as if we just grew that way?
What does it take to know
the day of peace and justice
will one day come?
No matter who
is so badly
directing traffic?
What does it take
to feel a joy so strong
you can almost levitate?
All it takes, really,
is presence,
knowing that you, and those who feel
as you do,
ignoring roadblocks
will arrive.
Will brave the flights, the slights,
the nights of wondering
if and why:
the years of pain sometimes required
to know
where it is most essential
to appear.

Después te extrañaríamos mucho

para Chelsea Manning

Después te extrañaríamos
mucho.
Pero ese día
estabas con nosotros
y estábamos *igual*
contigo.
Tu felicidad,
la de un hombre
que se sabía
en el camino
a la gloria
a ser asesinado a balazos;
un hombre que sonreía
triunfante
al vernos,
las multitudes que avanzábamos,
nos hacía aclamar interiormente
en respuesta a cada
palabra.

Después recordaríamos
para nuestros hijos
y nietos
la emoción de estar
en tu presencia
mientras te levantabas
para encontrar tu día.
¡Estabas tan feliz!
No olvidemos eso.
El miedo, la duda, las más horribles
críticas que el genio del mal
pudiera idear
no se habían alzado
finalmente
o para nada
contra tu amor.

Later We Would Miss You So Much

for Chelsea Manning

Later we would miss you
so much.
But on that day
we had you with us
& we were *so*
with you.
Your happiness,
of a man
knowing he was
on his way
to glory
to being shot down;
a man beaming
with triumph
to see us
the advancing crowds,
caused us to cheer inwardly
in response to every
word.

Later we would recall
for our children
and grandchildren
the thrill of being
in your presence
as you rose
to meet your day.
You were so happy!
Let us not forget that.
Fear, doubt, the most horrible
criticisms evil genius
could devise
had not stood
finally
or at all
against your love.

Incluso la gente blanca
ese día
se veía diferente
para nosotros
que nunca los habíamos conocido
en su forma libre.
Tenían una mirada
de alivio
de saber que también estaban atados
por cadenas y grillos
y estaban por fin
sacudiéndose para liberarse.

Subida a un árbol
para ver y oír mejor
agradecida al árbol
por su susurrante presencia
en ese fatídico día
y con meticuloso cuidado
de no dañar
su frondoso ofrecimiento
de una posición ventajosa (después sería cortado, por supuesto)
viví a plenitud el largo instante
del discurso
que nos diste.

Lo editarían y condensarían
más adelante
para nublar nuestra memoria
y tu impacto,
para hacerlo, y hacerte, más manipulable
para ellos.
Pero no nos engañaron.
Estuviste brillante
y tu mensaje nunca confinado

solamente a los sueños
aunque estabas sólo a unos

———

Even the white people
that day
looked different
to us
who had never known them
in their free form.
They had a look
of release
of knowing they were bound also
by chains and shackles
& were at last
shaking themselves free.

Perched in a tree
better to see & hear
grateful for the tree's
rustling witness
on that fateful day
& meticulously careful
not to harm
its leafy offering
of vantage point (it would later be cut down, of course).
I lived the long moment
of your address to us
to the full.

They would edit and condense
it later
to dull our memory
and your impact
to make it, and you, more manageable
for them.
But we were not deceived.
You were brilliant
and your message never confined

only to dreams
though you were only a few

pocos años
de tu muerte
a los 39.

¿Qué nos diste,
Martin, con tal sacrificio
para ti?

Después de 50 años
de valorar el regalo
de tu vida
sé que nos diste
Conciencia
de nuestros inalienables
derechos
como seres no solo
de nuestro país (un misterio en sí mismo)
pero más importante aún
de nuestro Universo.
Y más que eso
nos ungiste nuestras heridas y debilitadas
psiquis,
con tu ejemplo
de amor audaz.

El amor audaz por aquellos más allá
de la familia inmediata
y los amigos
es muy raro.
Pero tú lo tenías.

Pienso que los Seres
que destruyeron
tu cuerpo
sintieron,
al mirarte,
que les habían robado,
que no habían sido justos con ellos.
¿Cómo podías tú,

short years away
from your death
at 39.

What did you give us,
Martin, at such sacrifice
to yourself?

After 50 years
of pondering the gift
of your life
I know you gave us
Consciousness
of our inalienable
rights
as beings not only
of our country (a mystery in itself)
but more importantly
of our Universe.
And beyond that
you showered us, our wounded and weakened
psyches,
with your example
of fearless love.

Fearless love for those beyond
immediate family
& friends
is very rare.
But you had it.

I think the Beings
who destroyed
your body
felt,
looking at you,
that they'd been robbed,
shortchanged.
How could you

el simple hijo
de un predicador negro
poseer el oro
que los eludía;
oro, que aun cavando
por toda la tierra,
jamás tendrían?

No solamente eso:
Amado Martin,
hiciste la carrera
por el Amor
y la ganaste.
Sabemos esto
con certeza
50 años más tarde.

Ya no más muchachas y muchachos
de 18 y 19
que llegaban a la Marcha
en autobuses baratos
desde todas
partes.
Lo sabemos, Martin,
por nuestra propia devoción a la vida,
a los otros,
a los bosques, los ríos y los árboles que nos apoyan
a través de cada devastación,
por nuestro ánimo a cada
voz joven
que alza la vara del amor
a tu medida;
lo sabemos por nuestra gratitud
Martin.
Lo sabemos por nuestra fe
no en líderes
sino en nuestra creencia de que el amor
puede superar nuestros miedos.

———

a mere black preacher's
son
possess the gold
that eluded them;
gold, for all their digging
all over the earth,
they'd never have?

Not only that:
Martin, Beloved,
you ran the race
for Love
and won it.
We know this
for sure
50 years later.

No longer the girls & boys
of 18 & 19
arriving at the March
on cheap buses
from all over
the place—
We know it, Martin,
by our own devotion to life,
to each other,
to forests, rivers, and trees that support us
through every devastation,
by our cheering of every
young voice
that raises the bar of love
to your standard;
we know it by our gratitude
Martin.
We know it by our faith,
not in leaders
but in our belief that love
can overcome our fears.

———

Finalmente, Martin:
después de todos los años secos
de llevar tu recuerdo
a menudo
en silencio,
lo sabemos
por nuestras lágrimas.

Finally, Martin:
after all the dry years
of bearing your memory
most often
in silence,
We know it
by our tears.

Cuellos de barro

Alguien me dijo:
¡Oh, para ya! Él tiene pies
de barro.
El barro de esta persona
le subió al cuello.
¿Podemos escuchar a seres humanos
imperfectos?
Yo por mi parte los he preferido
siempre.
¿Esto nos hace locos?
¿Podemos oír nuestras propias
vocecitas
atenuadas por
el barro
de ser:
suplicando por
la liberación?

Necks of Clay

Someone said to me:
Oh, stop that! He has feet
of clay.
This person's clay
went to the neck.
Can we listen to imperfect
humans?
I've always preferred them
myself.
Does this make us mad?
Can we hear our own
small voices
muffled by
the mud
of being:
pleading
for release?

¿A quién vieron los Annunaki*?

Pequeñísima Madre,
sabía que tenías que existir
detrás de todas las mentiras
acerca de ti.
Sabía que vivirías
en alguna parte fresca
salvaje
con el sol bailando
en tu piel color tierra.
Sabía que te adornarías
con lo que atrajera tu imaginación.
Que sentirías como natural
para ti
ser parte del Todo.
Oh, Pequeñísima Madre,
¡hoy te extrañamos tanto!
Tu soltura entre todas las expresiones
de lo real;
tu placer en el estilo
que nunca se pierde
en el corazón
que es libre.
Cuando los extraños seres
de alguna otra parte
se acercaron a ti por primera vez
¿trataste de mostrarles
lo fácil
e incluso espléndido
que puede ser
vivir en la Tierra?
¿Y se negaron
a oírte
—como todavía se niegan—?
¿Eres tú a quien los Annunaki vieron?
¿Tuvieron la sensatez
al menos
de quedar cautivados

Who the Annunaki Saw?

Tiny Mother,
I knew you had to exist
behind all the lies
about you.
I knew you would live
somewhere fresh
wild
with the sun dancing
with your earth colored skin.
I knew you would adorn yourself
with whatever struck your fancy.
That it would feel natural
for you
to be part of the All.
Oh, Small Mother.
Today we miss you so very much!
Your ease among all expressions
of the real;
your delight in style
that is never lost
on the heart
that is free.
When the strange beings
from somewhere else
first approached you
did you try to show them
how easy
even splendid
it can be
to live on Earth?
And did they refuse
to hear you—
as they still refuse?
Are you who the Annunaki saw?
Did they have the sense
at least
to be charmed

como quedamos nosotros,
tantos eones después?
¿O causaron esa expresión
en tus ojos
que tanto me
duele hoy, a mí
una distante hija
atrapada en un atribulado encanto
por tu asombroso
rostro?
En mi hogar cuelgas
en un lugar de honor
de modo que te vea
cada día.
Es una cara que ha durado.
Pero cuyo espíritu ahora, lo veo en tu mirada,
está profundamente desafiado.
En peligro.
Pequeñísima Madre, hermana, antecesora, tía,
gracias por mostrarnos
el rostro de un verdadero
ser terrestre;
alguien que no conoce
de separación
entre la belleza
y el ser mismo.

N. del T.: Deidades sumerias supuestamente venidas del cosmos

De *Chitauri Blues*, una obra en proceso

La fotografía de una mujer de la etnia Omo está tomada por el fotógrafo alemán Hans Silvester. Me la dio una hermana querida, en cuya casa cuelga otra hermosa "Pequeña Madre" bellamente adornada.

as we are,
all these eons later?
Or did they cause that look
in your eyes
that so pains
me today;
a distant daughter
held in troubled enchantment
by your amazing
face?
In my house you hang
in a place of honor
so that I see you
every day.
It is a face that has lasted.
But whose spirit now, I see it in your look,
is deeply challenged.
Endangered.
Small Mother, sister, ancestor, aunt,
thank you for showing us
the face of a true
earth being;
someone who knows
no separation
of beauty
and self.

from *Chitauri Blues,* a work in progress

The photograph of a woman among the Omo people is by German
photographer Hans Silvester. It was given to me by a beloved sister, in
whose house hangs another beautifully adorned "Small Mother."

Paisaje interior
para S y C

No nos hemos visto
en más de una década;
su hijo está muy alto, dicen,
su hija, aprende
a montar caballos.
Después, saboreando nuestro encuentro fortuito
en la heladería local
miro en torno a la tierra
y veo evidencia de su aplicación
por doquier:
la gran hermana
sicómoro*
la que queda de tres arbolitos
que trajeron a la fiesta inaugural de la casa
sobre un enorme camión
ahora da sombra, incluso oscurece
mi hogar.
La cuesta junto a la charca
que sembraron de árboles
ahora es un bosque
que previene a la ladera
de deslizarse hacia abajo.
La charca
que se escurría tan misteriosamente
ahora está estable y radiante;
nado allí cada día
mientras sueño con nueces
y pacanas
y caquis
y uvas
todavía por llegar
en la debida estación.

Hoy envían a mi casa
cajas de melocotones,
paquetes de arándanos

Inner Landscape
for S and C

We have not seen each other
in over a decade;
your son is very tall, you say,
your daughter, learning
to ride horses.
Later, savoring our chance meeting
in the local ice-cream store
I look about the land
and see evidence of your helpfulness
everywhere:
the big sister
sycamore tree
the one that remains of three saplings
you brought to my housewarming
on such a big truck
now shades, even shadows
my house.
The slope above the pond
that you planted with trees
is now a forest
that keeps the hillside
from sliding down.
The pond
that leaked so mysteriously
is now stable and shining;
I swim there each day
while dreaming of walnuts
and pecans
and persimmons
and grapes
still to come
in due season.

Today you send to my house
boxes of peaches,
cartons of blueberries

¡una abundancia impactante!
Mis huéspedes
que nunca han conocido el melocotón
como yo que crecí viéndolo
en Georgia
quedan hechizados por la vista
el aroma
la textura
el sabor
de cada fruta en la que
hincan sus
felices dientes.
Nos tendemos en éxtasis
gimiendo
de placer.

Gracias, amigos,
que
hace tantos años,
me trajeron de vuelta
de aleccionadores
viajes
un pequeño árbol solitario
desde la muy lejana
y afligida
Chiapas.
Ahora se alza alto
en un círculo
de glicinias
uvas
chardonay
y una menuda planta con
penachos carmesíes
cuyo nombre
en este momento
no puedo
recordar. Aunque siempre pienso
en ustedes
cuando lo veo.

a shocking abundance!
My guests
who have never known the peach
as I grew up knowing it
in Georgia
are mesmerized by the sight
the scent
the texture
the flavor
of each one they sink
happy teeth
into.
We lie about in ecstasy
moaning
our delight.

Thank you, my friends,
who
so many years ago,
brought back to me
from sobering
travels
a solitary small tree
from far away
and very troubled
Chiapas.
It stands tall now
in a circle
of wisteria
Chardonnay
grapevines
and a wispy plant with
crimson plumes
whose name
I cannot
at this moment
recall. Though I always think
of you
when I see it.

Este árbol,
tan lejos de su hogar
me recuerda
a vecinos,
a amigos,
a la acogida que podemos
a veces ser
unos para otros
o hallar
entre extraños;
la acogida de simplemente
plantar y cavar,
comer,
compartir lo que sea
que ande ocurriendo
atesorando la deliciosa
bondad
de un inesperado
momento de felicidad
que cambia el paisaje interno
para siempre.

* *N. del T.: La autora se refiere al árbol en femenino, hermana*

Recomendación: "Georgia on My Mind" (Georgia en mi mente) por Ray
Charles

——

This tree,
so far from its home
reminds me
of neighbors,
of friends,
of the welcome we can
sometimes be
for each other
or find
among strangers;
the welcome of simple
planting, and digging,
eating,
sharing whatever
in the world
is going on
treasuring the delicious
goodness
of an unexpected
moment of happiness
that changes the inner landscape
forever.

Recommended: "Georgia on My Mind" by Ray Charles

La esperanza es una mujer que ha perdido su miedo
para Sundus Shaker Saleh, madre iraquí, con mi amor

En nuestro desespero porque la justicia es lenta
nos sentamos con las cabezas inclinadas
preguntándonos
cómo
incluso si
alguna vez sanaremos.

Quizá es una pregunta
que solo los desvastados
los violados
hacen seriamente.
Y ¿no es que ahora
lo somos casi todos?
Pero la esperanza está en camino.

Como de costumbre la Esperanza es una mujer
que reúne a sus niños
en torno a ella
todo cuanto conserva de
quien era; como siempre
excepto a sus hijos
lo ha perdido casi todo.

La Esperanza es una mujer que ha perdido su miedo.
Junto con su hogar, su empleo, sus padres,
sus olivos, sus vides. La paz de la independencia;
los tranquilizadores ruidos de vecinos comunes y corrientes.

La Esperanza se levanta, siempre lo hace.
¿No logramos notar esto en todas las historias
que han intentado eliminar?
La Esperanza se levanta,
y se pone su misma
capa antigua y gastada
y, sin un centavo, se lanza
contra la fría, pulida, cota de malla protectora

Hope Is a Woman Who Has Lost Her Fear

for Sundus Shaker Saleh, Iraqi mother, with my love

In our despair that justice is slow
we sit with heads bowed
wondering
how
even whether
we will ever be healed.

Perhaps it is a question
only the ravaged
the violated
seriously ask.
And is that not now
almost all of us?
But hope is on the way.

As usual Hope is a woman
herding her children
around her
all she retains of who
she was; as usual
except for her kids
she has lost almost everything.

Hope is a woman who has lost her fear.
Along with her home, her employment, her parents,
her olive trees, her grapes. The peace of independence;
the reassuring noises of ordinary neighbors.

Hope rises, She always does,
did we fail to notice this in all the stories
they've tried to suppress?
Hope rises,
and she puts on her same
unfashionable threadbare cloak
and, penniless, she flings herself
against the cold, polished, protective chain mail

de los muy poderosos
los muy ricos —cota de malla que imita
sospechosamente monedas de plata
y escamas de lagarto—
y todo lo que tiene para luchar es la realidad de lo que le han hecho a
   ella;
a su país; a su gente; a sus hijos;
a su hogar.
Todo lo que tiene por armadura es lo que ha aprendido
que *nunca* se debe hacer.
No en nombre de la Guerra
y en especial nunca en
nombre de la Paz.

La esperanza es siempre la maestra
con la tarea más difícil.

Nuestro ejercicio: agarrar
lo que nunca se ha respirado en nuestro robado
Imperio
en la colina:

Sin justicia, nunca
sanaremos.

Para más información sobre la inspiradora acción de alzamiento de esta
madre de cinco hijos, visita codepink.org.

of the very powerful
the very rich—chain mail that mimics
suspiciously silver coins
and lizard scales—
and all she has to fight with is the reality of what was done to her;
to her country; her people; her children;
her home.
All she has as armor is what she has learned
must *never* be done.
Not in the name of War
and especially never in the
name of Peace.

Hope is always the teacher
with the toughest homework.

Our assignment: to grasp
what has never been breathed in our stolen
Empire
on the hill:

Without justice, we will never
be healed.

For more information about the inspiring courage of this mother of five,
visit codepink.org.

Hay gente amable en todas partes
para Young Bryon, que está consiguiendo un pasaporte

Algunas personas en Turquía
son muy amables.
Algunas en Afganistán
son muy amables.
Algunas personas en las Américas
son muy amables.
En Canadá también
algunas personas
son amables.
En México
definitivamente encontrarás
personas amables.
Asimismo
en Sudán.
Hay gente amable
entre los zulúes
de Sudáfrica
y cada grupo idiomático en África
tiene algunas personas amables.
Hay gente amable
en Islandia
y
en Rusia.

Hay mucha gente amable en Corea.
Hay millones de personas amables en China.
Hay personas amables en Japón.
Si las personas amables fueran los dirigentes en estos países
   asiáticos que históricamente guerrean,
¡se tratarían entre ellos
mucho mejor!
Hay personas amables en el Congo.
Hay personas amables
en Egipto;

Sweet People Are Everywhere

for Young Bryon, Who Is Getting a Passport

Some of the people in Turkey
are very sweet.
Some of those in Afghanistan
are very sweet.
Some of the people in the Americas
are very sweet.
In Canada too
some of the people
are sweet.
In Mexico
you will definitely find
sweet people.
Likewise
in the Sudan.
There are sweet people
among the Zulu
in South Africa
and every language group in Africa
has some sweet people
in it.
There are sweet people
in Iceland
and
in Russia.

There are many sweet people in Korea.
There are millions of sweet people in China.
There are sweet people in Japan.
If the sweet people were the leaders in these historically warring
    Asian countries
they would treat each other
much better!
There are sweet people
in the Congo.
There are sweet people
in Egypt;

y personas amables
en Australia.
Mucha gente amable vive
en Noruega.
Numerosa gente amable vive
en España.
Hay muchas personas amables
en Ghana
y Kenia
y personas amables también
en Guam
y en Filipinas.
Hay personas amables
en Cuba.
Muchas personas amables
existen en Irán.
Hay gente amable
en Libia y Colombia.
Gente amable vive
en Vietnam.
Gente amable existe
en Inglaterra y Birmania.
Hay personas amables
de seguro
en Irlanda.
Personas amables viven
en Francia.
Personas amables persisten
en Siria.
Hacen lo mismo
en Iraq.
Alguna gente amable vive
en Venezuela.
Bastante gente muy amable
vive en Brasil.
Hay personas amables
en Israel
como hay personas

and sweet people
in Australia.
Many sweet people are
in Norway.
Numerous sweet people are
in Spain.
There are many sweet people
in Ghana
and Kenya
and sweet people also
in Guam
and the Philippines.
There are sweet people
in Cuba.
Many sweet people
exist in Iran.
There are sweet people
in Libya and Colombia.
Sweet people are
in Vietnam.
Sweet people exist
in England and Burma.
There are sweet people
for sure
in Ireland.
Sweet people are
in France.
Sweet people are holding on
in Syria.
They are doing the same
in Iraq.
Some sweet people live
in Venezuela.
Many very sweet people
live in Brazil.
There are sweet people
in Israel
as there are sweet people

amables también
en Palestina.

De hecho, casi en cada hogar
del planeta
hay por lo menos una
persona muy amable
que te haría feliz conocer.

¡Las personas amables están dondequiera!

Al ser amables, no deben desaparecer.
Estamos perdidos
si no podemos experimentar más
lo amable que los humanos pueden ser.

Prométeme jamás
olvidar esto.
No importa lo lejos
que vayas
con este nuevo pasaporte,
dónde te indiquen aterrizar
tu propio y amable ser
o quién te envíe.

also
in Palestine.

Actually, in almost every house
on the planet
there is at least one
very sweet person
that you would be happy to know.

Sweet people are everywhere!

Being sweet, they must not be disappeared.
We are lost
if we can no longer experience
how sweet human beings can be.

Promise me never
to forget this.
No matter how far
you go
on this new passport,
where you are directed to land
your own sweet self
or who sends you.

Y cuando nos espíen

para Snowden

Y cuando
nos espíen
deja que
nos descubran
amando
—en verdad no importa
lo que amemos;
deja que sea
un ejercicio
del corazón—.
Puedes empezar
con
tu automóvil
—si esa ha sido
tu educación—.
Después de todo
los grandes
nos dicen
que se trata
de cualquier modo
necesariamente
de abrir el corazón.
Podría ser
tu perro
—es ahí adonde
a muchos amigos
y a mí
nos hallarían—.
Podrían ser
el desierto
o la montaña
el río
o un peculiar
recodo
en un camino solitario
que te hace

And When They Spy on Us
for Snowden

And when they spy
on us
let them discover
us
loving—
it really doesn't
matter what we are loving
let it be
an exercise
of the heart.
You can begin
with
your car—
if that has been
your training.
After all
the great ones
tell us
it is all about
and by any means
necessary
opening the heart.
It could be
your dog—
that is where
most of my friends
and I
would be found.
It could be
desert
or mountain
river
or a peculiar
bend
in a lonely road
that makes you

sufrir
de añoranza.
Deja que nos hallen
hundidos en
la conspiración
(respirando juntos)
del amor
—abiertos nuestros corazones—;
resignados a ser
estos
a veces ridículos
y siempre vulnerables
seres humanos
a quienes
aquellos
que no tienen
experiencia de que
el amor existe
en este mundo
deben espiar.

ache
with longing.
Let them find us
deep in
the conspiracy
(breathing together)
of love—
our hearts open;
resigned to being
these
sometimes ridiculous
and always vulnerable
human beings
that those
who have no
experience that
love can exist
in this world
must spy
upon.

Confiada anticipación de la dicha

Qué extraño se siente
hablar acerca
de la atención médica en Estados Unidos
cuidar de la
salud de la gente
mientras nuestro gobierno
mutila con bombas
los miembros
de niños
en tierras lejanas.
Y hace pasar hambre y encarcela
a no pocos de ellos
en su país.
¿No es raro
que parezca
obviamente desconocido
que la verdadera asistencia médica
debe significar, al mínimo,
la intención de no hacer daño
a nadie?
Qué extraño es regatear
sobre cuánto puede costar
este o aquel
"procedimiento"
médico;
queriendo decir estrictamente
que concierne
a nuestros propios cuerpos
y que estos sí *son* valiosos.
Mientras que más allá
los "procedimientos"
militares
que nuestro país exporta
pueden
rebanar en dos
a un abuelo mientras
sus nietos

Confident Anticipation of Joy

How peculiar it feels
to speak about
health care in America
taking care of people's
health
while our government
bombs
the limbs
off children
in faraway lands.
And starves and imprisons
not a few of them
at home.
How odd
that it seems
not obviously known
that true health care
must mean, at minimum,
deliberate non-harming
of anyone?
How strange is haggling
over how much this or that
medical
"procedure"
is going to cost;
meaning strictly
where our own bodies
and they *are* precious
are concerned.
While over there
military
"procedures"
our country exports
may
slice a grandfather
in half while his
grandchildren

que se han reunido
a su lado
en una
confiada anticipación
de alegría
devienen coágulos de sangre
y cabellos apelmazados
en las paredes.
En lo que queda de ellas.
Es extraño cómo hablamos
y regateamos
como si fuéramos los únicos
seres en el Universo
que necesitáramos
atención a nuestra salud.
Atención médica:
atención a la vida
misma.
Aquello por lo que los mutilados
y los asesinados
en muchas tierras
han muerto,
llorando sin esperanza.

who have crowded
around him
in
confident anticipation
of joy
become clots of blood
and matted hair
on the walls.
What's left of the walls.
Weird how we talk
and haggle
as if we are the only
people in the Universe
needing
care of our health.
Health care:
care of Life
itself.
What the maimed
and slaughtered
in many lands
have died,
hopelessly
crying for.

La madre de los árboles

Si yo fuera
la madre del Viento
soplaría todo el miedo
lejos de ti.

Si yo fuera
la madre del Agua
lavaría la senda
que te intimida.

Si yo fuera la madre de
los Árboles
sembraría
a mis hijos más altos
en torno a tus pies
de modo que
pudieras escalar
lejos de todo riesgo.

Pero, ay,
solo soy
madre de humanos
cuyos poderes mágicos
se han esfumado
por haber dejado
que nuestros más pequeños
encaren la injusticia
el sufrimiento
y los más funestos
terrores
ellos solos.

Nota: El gran activista pacífico y humanitario israelí Nurit Peled-Elhanan, quien perdió a su hija en un atentado suicida, me envió una inquietante foto en la que un niño era arrestado por soldados tres veces más grandes que él. Venía acompañada con una explicación de lo que sucedía en la

The Mother of Trees

If I could be
the mother of Wind
I would blow all fear
away from you.

If I could be
the mother of Water
I would wash out the path
that frightens you.

If I were the mother
of Trees
I would plant
my tallest children
around your feet
that you might
climb
beyond all danger.

But alas,
I am only
a mother of humans
whose magic powers
have vanished
since we allow
our littlest ones
to face injustice
suffering
& the unholiest
of terrors
alone.

Note: This disturbing photograph of a small child being arrested by
soldiers three times his size was sent to me by the great Israeli peace
activist and humanitarian Nurit Peled-Elhanan, who lost her daughter in a
suicide bombing. There was an explanation of what was happening in the

foto —una guerra contra niños que arrojaban piedras a los tanques que arrasaban con sus hogares— y con la solicitud de que hiciera circular la imagen. Durante semanas no hice otra cosa que pensar en este niño y en todos los niños palestinos que han sido sacados de sus casas y escuelas, de sus camas, con frecuencia en medio de la noche. ¿Qué es lo que ocurre con ciertas fotografías? Existen, para la mayoría de nosotros, dos o tres que nunca nos abandonarán. Para mí hay otras dos: la del niño africano que lentamente muere de hambre mientras un buitre espera dentro del cuadro; la otra de John Kennedy echado sobre una mesa en algún lugar de Texas, con sus heridas visibles, particularmente la cercana a su garganta, con los ojos muy abiertos. Se ve terriblemente joven, vulnerable y precioso, yaciente allí; símbolo del líder que nos despierta, y que es indefectiblemente sacrificado en la larga historia de Américas nacidas muertas.

photograph—a war on children who threw stones at the tanks demolishing their homes—and a request that I circulate the image. For weeks I did nothing but think about this child and all the Palestinian children taken from their schools and homes, their beds, often in the middle of the night. What is it about certain photographs? There are for most of us two or three that will not go away. Two others for me: the one of the African child slowly dying of starvation while a vulture waits within the frame; the one of John Kennedy laid out on a table in Texas, his wounds visible, especially the one near his throat, his eyes wide open. He seems shockingly young, vulnerable and precious, lying there; emblematic of the awakening leader who is always sacrificed in the long history of stillborn Americas.

Nunca dejes pasar la oportunidad de besar

*especialmente para nuestras hijas y sus familias
en Nigeria*

Nunca dejes pasar
una oportunidad
de besar:
el mundo se ha acabado
y comenzado de nuevo
muchas veces
ya antes;
si nos llevamos
por la Biblia africana*
transcrita para
nuestra asustada era
por Credo Mutwa.
Tres profundas reverencias.
Sí, nunca dejes pasar
una oportunidad
de besar
¡de decir te amo!
a cada hoja, flor
insecto
o hechicero
que atrapa tu
imaginación y/o tu corazón.

Nunca dejes pasar
una oportunidad
de besar:
ese dulce, vano
pero delicioso
intento
de tocar y
experimentar
la
más secreta
Conciencia

Never Pass Up an Opportunity to Kiss

Especially for our daughters and their families
in Nigeria

Never pass up
an opportunity
to kiss:
the world has ended
& begun again
many times
before;
if we are to believe
the African Bible*
transcribed for
our frightened era
by Credo Mutwa.
Three deep bows.
Yes, never pass up
an opportunity
to kiss—
to say I love you!
to every leaf, flower
bug
or warlock
that catches your
fancy and/or your heart.

Never pass up
an opportunity
to kiss:
that sweet futile
but delectable
attempt
to touch &
to experience
the
most secret
Consciousness

de un Ser
que podrías
jamás conocer.

*Ndaaba, My Children (Ndaaba, mis hijos), *de Credo Mutwa*

of a Being
you may never
know.

*Ndaaba, My Children, *by Credo Mutwa*

La edad de hierro, la edad del dolor

para Yusuf

¿Adónde vamos cuando morimos?
preguntó la niñita.
Y El Anciano que vive
dentro de cada niño le contestó:
Vas al mismo sitio adonde vas
cada noche cuando duermes.
Y por tanto los padres de James
el hombre degollado
cuyo rostro era valiente y apacible y amable
dicen verdad al decir que está con Dios
si por tal entienden
el lugar donde Todo lo que Es
reside.

Acto IV La Edad de Hierro

El cuarto acto muestra el escenario del mundo en absoluta oscuridad, ilusión y desespero. Ha habido una decadencia extrema en los valores morales, éticos y espirituales. Los seres humanos han sido encadenados a las columnas de prácticas y hábitos inmorales. El dolor y la intranquilidad generalizados se han vuelto la norma de la existencia humana. El mundo está dividido en numerosos grupos, muchos de los cuales se enfrentan en fuertes juegos de poder condicionados por el interés propio y la conveniencia. La familia humana se halla en un punto de ruptura. Mientras transcurre la noche, la población incrementa exponencialmente hasta que los recursos del planeta alcanzan sus límites.

—El Brahma Kumaris

The Iron Age, the Age of Sorrow

for Yusuf

Where do we go when we die?
the little child asked.
And the Ancient One who lives
within all little children said to her:
You go to the very same place you go to
each night when you fall asleep.
And therefore the parents of James
the beheaded one
whose face was brave and gentle and kind
are right to say he is with God
if by that they mean
the place where All That Is
resides.

Act IV The Iron Age

Act Four finds the stage of the world in total darkness, illusion and
despair. There has been an extreme decline in moral, ethical and spiritual
values. Human beings are chained to the pillars of immoral practices
and habits. Widespread sorrow and unrest have become the norm of
human experience. The world is divided into many groups, many of which
are pitted against each other in games of power conditioned by self-
interest and expediency. The human family is at a breaking point. As the
night wears on, the population explodes exponentially until the planet's
resources reach their limits.

—The Brahma Kumaris

Cuando un poeta muere

para Samih al-Qasim

Mientras un poeta muere
todos los árboles marchitan sus ramas
no las dejan caer
pero las cuelgan como mangas vacías:
el sol se ve, si acaso, a través de una niebla
que él se fabricara
con las saladas aguas
que el mar arroja.
Pero cuando un poeta muere
hay alegría en todo el cielo
y en la tierra
y los árboles crujen alto
y los soles brillan ferozmente
y los océanos rugen.
Eso es porque el poeta
está viajando
por fin de regreso
a la fuente del Sonido
donde todas las cosas viven por siempre;
el cuerpo dejado atrás
ni tan siquiera es una memoria
para las Divinidades
que por tanto tiempo
y casi siempre inadvertidas
han compartido
la brillante senda.

When a Poet Dies

for Samih al-Qasim

While a poet is dying
all the trees droop their branches
not drop them
but let them hang like empty sleeves:
the sun is seen, if at all, through a mist
it made itself
from the salty water
the ocean sprays.
But when a poet dies
there is happiness in all the heavens
and in earth
and trees rustle loudly
and suns shine fiercely
and oceans roar.
That is because the poet
is journeying
at last returning
to the source of Sound
where all things forever live; the body
left behind not even a memory
to Divinities
that for so long
and mostly unnoticed
have shared
the bright path.

El lenguaje de las bombas

Muy querido Zainab,
cada vez que mi país bombardea el tuyo,
pienso en ti.
Quiere decir que con frecuencia estás en mi mente.
Pienso a menudo en los que bombardean
y en lo poco que pueden ver
de lo que está debajo de ellos.
Muchos que regresaron
de anteriores "misiones"
dijeron que solo después,
cuando volvieron
y vieron el lugar
que bombardearon
fue que se percataron
de que los iraquíes sembraban
cereal
que cubrían millas
del "desierto"
de brillante verde.
Pienso en lo mucho que te gusta el verde. Y en cómo, cuando me
    visitas,
me aseguro de que la ventana de tu cuarto no tenga otra vista que
    esa.

Es nuestra ignorancia, Zainab,
la que nos está matando también
al igual que a tus familiares
y amigos.
A nuestros hijos adolescentes
y nietos
en especial:
abatidos y dejados
como animales arrollados
en medio de la calle.

¿Qué podemos decir
de la locura que

The Language of Bombs

Dearest Zainab,
whenever my country bombs your country,
I think of you.
Which means you are frequently on my mind.
I often think of the bombers
and how little they can see
of what is below them.
Many who returned
from earlier "missions"
said it was only later,
when they went back
and saw the ground
they bombed
that they realized
Iraqis planted
cereal grains
that covered miles
of "desert"
in brilliant green.
I think of how much you like green. And how, when you
    visit me
I make sure a window from your room looks out into
    nothing else.

It is our ignorance, Zainab,
that is killing us too
as well as your relatives
and friends.
Our teenage sons
and grandsons
especially:
shot down and left
like roadkill
in the street.

What can we say
of the madness that

se ha apoderado de nuestro mundo?
Los Codiciosos tan salvajemente
mostrando su hambre. Tan aterrados
que morirán de
viejos
sin haber sentido en verdad
—más allá del hambre infinita—
la menor satisfacción.

Si tan solo hubieran admitido
conocer mejor
su miedo
lo suficiente para involucrarse,
mirándose a los ojos, directamente,
con el temido "Otro".
Si tan solo hubieran aprendido
a sentarse con la gente
a quien intentaban robar
y notar, con piedad, la fácilmente
combustible pobreza
de sus ropas.
Y no hablarles a ellos ahora
en el lenguaje del ostentoso
aunque fatalmente hombre vacío

el lenguaje de las bombas.

has gripped our world?
The Greedy so savagely
exhibiting their starvation. So fearful
they will die of old
age
without having truly felt
—beyond bottomless hunger—
any fullness at all.

If only they could have let themselves
become acquainted
with their fear
enough to engage,
eye to eye, directly,
with the dreaded "Other."
If only they could have learned
to sit with the people
they intended to rob
and to notice, with compassion, the easily
ignitable thinness
of their clothes.
And not now speak to them
in the language of the inflated
though fatally empty man

the language of bombs.

Hablándole a Hamás

Huda Naim, democráticamente
electo dirigente,
no sé cómo les va a ti
y a tus hijos
pero cada día pienso en ti.
¿Sabías que antes de salir de los Estados Unidos
los voceros de nuestro gobierno
nos advirtieron: no deben hablar con nadie
de Hamás
como si fuéramos niños pequeños
a quienes debe alertarse
de no hablar con extraños?
Sin embargo,
en el momento en que oímos:
alguien de Hamás está aquí
para hablar con nosotros
cada una de las mujeres
se apresuró a ver quién era.
Tuve que reírme, éramos tan típicas
en ese sentido. Una de las razones por las que he disfrutado
tanto
de ser quien soy. Curiosa. Una mujer. Olvidadiza de consejos.
E imagina nuestra sorpresa,
nuestro placer,
cuando el temible "terrorista" contra el que nos
habían alertado —que imaginábamos en uniforme de batalla
y cargando al hombro un largo y negro
lanzacohetes—
resultó que eras tú:
digno, sonriente, tus ojos mirando
directamente a los nuestros.
¿Y de qué hablamos? Principalmente
de nuestros hijos. Tus cinco. Nuestros dos o tres
o uno. De cómo queríamos, todos, un mundo cuerdo
para ellos.
Ay, Huda Naim, cuánto espero que un día

Talking to Hamas

Huda Naim, democratically
elected official,
I do not know how it goes with you
and your children
but every day I am thinking of you.
Did you know that before we left the US
our government spokespeople
told us: you mustn't speak to anyone
from Hamas
as if we were little children
who must be warned
not to speak to strangers.
However,
the moment we heard:
someone from Hamas is here
to talk to us
every single woman
rushed to see who it was.
I had to laugh, we were so typical
in that way. One of the reasons I have enjoyed
so much
being what I am. Curious. A woman. Forgetful of advice.
And imagine our surprise
our delight,
when the dreaded "terrorist" we were warned
against—that we envisioned in battle fatigues
and shouldering a long black
rocket launcher—
turned out to be you:
portly, smiling, your eyes looking
directly into ours.
And what did we talk about: mostly
our children. Your five. Our twos and threes.
Or one. How we wanted, all of us, a sane world
for them.
Ah, Huda Naim, how I hope one day

conozcas
a nuestra hermana israelí, Nurit, y a nuestro hermano
Miko. Sé que te agradarán como a mí.
Y los jóvenes que rechazan unirse
al ejército de ocupación
y que en vez van
a la cárcel
y los viejos, como Uri, que de algún modo
resisten.
Hay tanta gente noble
en tu tierra torturada.
Y me pregunto si conoces
a Natalya,
la poeta que estuvo con nosotros
después
en Ramallah.
Nuestra Natalia que le escribe poemas al mundo y me envía *emails*
mientras las bombas caen alrededor de su
refugio: "Alice, no puedo respirar. Nuestros corazones
se han detenido".
Me siento y me estrujo las manos,
al fin bastante vieja y bastante triste
y bastante patética en mi impotencia
para hacer esto.
Huda Naim, ruego que tú y tus hijos
toda tu familia
todos tus mundos
estén a salvo.
¿Mas cómo puede ser
con las bombas israelíes
y ahora los rifles de asalto
y los tanques
arrasando
tus barrios?
Lloraría
pero las lágrimas parecen haberse agotado
por el terror y el amor
que siento por ti.

———

that you will meet
our Israeli sister, Nurit, and our brother,
Miko. I know you will like them, as I do.
And the young ones refusing to join
the occupation army
but going instead
to jail
and the old ones, like Uri, somehow
holding on.
There are so many good people
in your tortured land.
And I wonder if you know
Natalya,
the poet who was with us
later
in Ramallah.
Our Natalya who writes poems to the world and emails to me
as the bombs fall around her sheltering
place: "Alice, I cannot breathe. Our hearts
have stopped."
I sit, and wring my hands,
at last old enough and sad enough,
and pathetic enough in my impotence
to do this.
Huda Naim, I pray you and your children
your whole family
all your worlds
are safe.
Yet how can it be
with Israeli bombs
and now assault rifles
and tanks
demolishing
your neighborhoods?
I would weep
but tears seem dried out
by the terror and love
I feel for you.

———

El mundo ha despertado al fin
a tu verdadero rostro, Huda Naim.
El mundo se ha
levantado. Aunque está tan
habituado a dormir.
El mundo entero está de pie, gritando su rudo despertar
por las calles.
Ese es el beneficio
que veo, hasta ahora,
de la mundialmente presenciada
gran venta de liquidación
del dolor de
tu pueblo.

Aun así, he visto al mundo despertar
antes. Cuando ha despertado antes
se ha movido.

The world has awakened at last
to your true face, Huda Naim.
The world has woken
up. Though it is so used
to being asleep.
The whole world is standing, shouting its rude awakening
in the street.
That is the profit
I see, so far,
from the globally witnessed
fire sale
of your people's
pain.

Still, I have seen the world wake up
before. When it has woken up before
it has moved.

No te rindas (hermoso niño, otro yo)

Lo que fingirán desconocer
cuando estés herido
es lo terrible que te sientes ahora.
Es muy difícil imaginarse viviendo
sin una parte
de tu ser.
Cada brazo o pierna
u ojo
o pie
que funcione
no importa de quién sea
despertará tu envidia.
Te odiarás
por esto.
Pero no. Hay otra forma
de mirar a toda pérdida
y consiste en que es una puerta.
Por supuesto es una puerta en el mismo
fondo de tu mundo
pero la hallarás
si mantienes el rumbo
de la curiosidad
entre quien eras antes
y quien eres ahora.

No será de mucha ayuda saber
que lo que te sucedió
le está sucediendo a niños
por todo el mundo
dondequiera que se hallen indefensos
y débiles
dondequiera que sus familias protectoras
y sus vecinos
hayan sido
muchos de ellos
asesinados
o cruelmente alejados.

Don't Give Up (Beautiful Child, Other Self)

What they will pretend not to know
when you are injured
is how ugly you feel now.
It is hard to imagine living
without a part
of yourself.
Every other working arm or leg
or eye
or foot
no matter who owns it
will arouse your envy.
You will hate yourself
for this.
But no. There is another way
to look at all loss
and that is that it is a door.
Of course it is a door at the very bottom
of your world
but you will find it
if you stay the course
of curiosity
between who you were before
and who you now are.

It will not help much to know
what has happened to you
is happening to children
around the globe
wherever they are defenseless
and weak
wherever their protecting families
and neighbors
have already,
so many of them,
been murdered
or taken brutally away.

Nada penetrará tu dolor.
O tu soledad.
Esto lo sé.
Y aun así
heme aquí cantando
una canción sobre puertas
en el fondo de oscuros pozos
ya inundados
de ratas y cadáveres.

Aquí estoy diciéndote
que en realidad
y por improbable que parezca:
no existe
fondo (sin puerta)
en esta vida.

Nothing will penetrate your sorrow.
Or your loneliness.
This I know.
And yet
here I am singing
a song about doors
at the bottom of dark wells
stuffed already
with rats and corpses.

Here I am telling you
that in reality
and as improbable
as it may seem:
There is no (doorless)
bottom
to this life.

Únanse
para Carl Dix y Cornel West

Todavía es duro pensar
que millones de nosotros vimos morir a Eric Garner.
Murió con lo que parecía media docena
de policías
fuertemente equipados
parados sobre su cuerpo, torciéndolo y golpeándolo
especialmente en su cabeza
y cuello.
Era un hombre corpulento. Debieron sentirse
como torpes enanos
mientras lo arrastraban.
Al ver el video,
recordaba el primer linchamiento
del que, casi involuntariamente, supe:
ocurrió en mi pequeño pueblo
de aserraderos antes de que trajeran las vacas
y jóvenes blancas
en adornadas camionetas
se volvieran reinas de lecherías.
Era también un hombre enorme,
a quien conocían mis padres,
lo atacó también una turba
de hombres blancos (con túnicas y capuchas blancas)
y lo mataron a golpes con
sus "dos por cuatro"*.
Debo haber sido una bebita
que de pasada oyó a mis padres hablar
perpleja sobre algo que
llamaban "dos por cuatro".
Tiempo después, construyendo una casa
encontraría el peso,
la solidez de esta longitud variable
de madera y empezaría a entender.
¿Cuál es el odio
hacia el alto hombre negro
o el pequeño hombre negro

Gather

for Carl Dix and Cornel West

It is still hard to believe
that millions of us saw Eric Garner die.
He died with what looked like a half-dozen
heavily clad
policemen
standing on his body, twisting and crushing
him
especially his head
and neck.
He was a big man, too. They must have felt
like clumsy midgets
as they dragged him down.
Watching the video,
I was reminded of the first lynching
I, quite unintentionally, learned about:
it happened in my tiny lumber mill
town before the cows were brought in
and young white girls
on ornate floats
became dairy queens.
A big man too,
whom my parents knew,
he was attacked also by a mob
of white men (in white robes and hoods)
and battered to death
with their two-by-fours.
I must have been a toddler
overhearing my parents talk
and mystified by pieces of something
called "two by fours."
Later, building a house,
I would encounter the weight,
the heaviness, of this varying length
of wood, and begin to understand.
What is the hatred
of the big black man
or the small black man

o el mediano
hombre negro
el hombre pardo
el hombre rojo
el hombre amarillo
de todos los tamaños
que impulsa la mentalidad de la turba
de linchadores blancos?
Siempre pensé que era envidia:
del genuino coraje para sobrevivir
y continuamente rehusar la conformidad
lo bastante como para cantar y bailar
o hacer discursos, o decir de tan extrañas
formas:
¡Ustedes no son
mis dueños!
Piensen en cuántos hombres negros
dijeron: *"Cracker**, tú no eres*
mi dueño";
aun siendo esclavos. Piensen en cómo
la turba linchadora autorizada
no hace tanto tiempo
desgarró el cuerpo de Nat Turner
en cuartos
lo despellejaron
e hicieron "monederos"
de su "cuero".
¿Quiénes son estos seres?
Ahora empezamos a hacernos
la pregunta crucial.
Si es natural ser negro
y rojo o pardo o amarillo
y si es hermoso resistir
la opresión
y si es espléndido ser de color
y andar libremente,
entonces ¿dónde reside
el problema?
¿Quién es esta gente
que mata a nuestros hijos en la noche,

or the medium-sized
black man
the brown man
or the red man
the yellow man
in all his sizes
that drives the white lynch mob
mentality?
I always thought it was envy:
of the sheer courage to survive
and ceaselessly resist conformity
enough to sing and dance
or orate, or say in so many outlandish
ways:
You're not the boss
of me!
Think how many black men
said that: "*Cracker,* you're not the boss*
of me";
even enslaved. Think of how
the legal lynch mob
not so very long ago
tore Nat Turner's body
in quarters
skinned him
and made "money purses"
from his "hide."
Who are these beings?
Now we are beginning to ask
the crucial question.
If it is natural to be black
and red or brown or yellow
and if it is beautiful to resist
oppression
and if it is gorgeous to be of color
and walking around free,
then where does the problem
lie?
Who are these people
that kill our children in the night?

y mata a nuestros hermanos a plena luz del día?
¿Rechazan verse en nosotros
como nos hemos forzado, por siglos,
a vernos en ellos?
Tal vez seamos más diferentes
de lo que pensábamos.
¿Y esto nos asusta?
¿Y qué hay, digamos,
de aquellos entre nosotros
que actúan en connivencia?
Únanse.
Vengan a ver la calma
que hay ahora
en los rotos corazones
de la gente.
Es la quieta fuerza de la comprensión,
de la percepción
del sentido
de nuestra antigua
y perfecta
contrariedad;
de lo que ahora debe entenderse
y hacerse para honrarnos
y apreciarnos:
no importa quiénes
hoy puedan ser
los "jefes".
Nuestra pasión y amor
por nosotros mismos
que debe finalmente
unirnos
y liberarnos. Mientras dejamos descansar
a nuestros sacrificados amados
en nuestro profundo
y amplio cariño:
inmenso, siempre móvil y sagrado
como el mar.

* N. del T.: Tablón de madera de dos pulgadas de espesor por cuatro pulgadas de ancho
** Cracker: por el chasquido, "crack", que producía el látigo de los que conducían a los esclavos

Murder our brothers in broad daylight?
Refuse to see themselves in us
as we have strained, over centuries,
to see ourselves in them?
Perhaps we are more different
than we thought.
And does this scare us?
And what of, for instance,
those among us
who collude?
Gather.
Come see what stillness
lies now
in the people's broken
hearts.
It is the quiet force of comprehension,
of realization
of the meaning
of our ancient
and perfect
contrariness;
of what must now be understood
and done to honor
and cherish
ourselves:
no matter who
today's "bosses"
may be.
Our passion and love for ourselves
that must at last unite
and free us. As we put our sacrificed
beloveds to rest in our profound
and ample caring:
broad, ever moving, and holy,
as the sea.

Cracker: from the crack of the whip wielded by slave drivers

Haciendo *frittatas**

para Rebecca

Diez años es mucho tiempo
y te he extrañado.
Pensé en esto
esta mañana cuando empecé a hacer
una espléndida (así salió) *frittata*.
Me enseñaste a hacerla. Tras diez años
en que asumí que no cocinabas —el tiempo se detiene
cuando estamos ausentes—
viniste a mi cocina y sin aspavientos,
mientras hablabas de cosas triviales,
hiciste la más deliciosa
frittata. No se pegó, no se quemó,
no quedó grasosa.
¡Era excelente!
En esos mismos diez años
traté de hacer *frittatas* pero temí que no se cocinaran
por completo; hasta arriba.
Pero no, mirándote de cerca, vi
que si la tuya amenazaba con quedar algo blanda
con toda calma la metías en el horno
lo cual me hacía pensar que de seguro la quemaría.
¡Pero no!
De allí salía con perfecta consistencia.
¡Deliciosa!
Quedaba sobrecogida.
Y por eso, hoy, pienso: son todas las simples veces
de compartir simples cosas
lo que hemos extrañado. El mutuo enseñar y aprender
que es, o debe ser, el derecho de una hija y una madre.

* N. del T.: Tipo de tortilla italiana consistente y gruesa que puede llevar carne o vegetales

Making Frittatas

for Rebecca

Ten years is a long time
and I have missed you.
I thought of this
this morning as I commenced making
a splendid (it turned out) frittata.
You taught me how to do this. After ten years during
which I assumed you did not cook—time stops
when we are absent—
you stood in my kitchen and casually,
speaking of something trivial,
made the most mouthwatering
frittata. It did not stick, it did not burn,
it was not soggy on top
it was good!
During those same ten years
I tried to make frittatas but feared they'd never cook
all the way through; all the way to the top.
But no, watching you closely, I saw
when yours threatened to remain a bit mushy
you calmly transferred it to the oven,
which I thought would surely burn it.
But—not!
Out it came the perfect consistency.
Delicious!
I was in awe.
And so, today, I think: it is all the simple
times of sharing simple things
that we have missed. The mutual teaching and learning
that is, or should be, a daughter's and a mother's right.

A la entrada de la Prisión de Pollsmoor

para Kaleo, para Madiba*

Al llegar a la entrada de la Prisión de Pollsmoor
estábamos ya profundamente conmovidas
y nos sentamos un rato afuera
para calmarnos antes de entrar. Yo, respirando profundamente,
tú manteniendo la imagen de Madiba en la mente
de modo que al entrar pudieras visualizar más completamente
e incluso sentir,
las cadenas.
Una vez dentro nos mostraron
la minúscula celda
y me colocaron adentro
al igual que colocaron a otros a quienes querían
brindar más que un vistazo de la experiencia en prisión
del muy reverenciado, a veces también muy vilipendiado,
Nelson Mandela;
Estuve de pie con mis brazos extendidos, sintiendo los lados
de la celda acercarse a mí. Y sintiendo todo mi ser
escuchar la eterna esencia tuya
que está
y no está allí. Bajé la vista
hacia el camastro en el piso
donde yacías despierto o dormido tantas noches
soñando estoy segura con Winnie y tus hijas.
Había una sensación de profundo silencio
en el lugar
donde viviste tanto tiempo
y me sentí feliz de que te permitieran
al menos mantener
tu mente.
La moda hoy en día
parece ser violar la mente; arruinar el espíritu.
Pero allí te sentabas o te echabas, noche tras noche, y tus camaradas
no estaban muy lejos
en otras celdas.

——

At the Door of Pollsmoor Prison

for Kaleo, for Madiba*

When we arrived at the door of Pollsmoor Prison
we were already deeply stirred
and sat a while outside
calming ourselves before going in. Me, breathing deeply,
you holding Madiba's image in consciousness
so that walking in you might more completely
visualize
even feel, the chains.
Once inside they showed us
the tiny cell
and placed me inside it
as they place others they wish to gift
with more than a glance at the prison experience
of the much revered, also at times much reviled,
Nelson Mandela;
I stood stretching out my arms, feeling the sides
of the cell move toward me. And feeling my whole self
listening to the eternal essence of you
that is there
and not there. I looked down
at the pallet on the floor
where you lay awake or slept so many nights
dreaming I am sure of Winnie and your girls.
There was a feeling of deep silence
in the place
where you lived for so long
and I was glad you were permitted
at least to keep
your mind.
The fashion nowadays
seems to be to rape the mind; ravage the spirit.
But there you sat or lay, night after night, and your comrades
were not so far away
in other cells.

——

¿Qué te mantenía vivo?
Pienso que era el amor por quien tú eras, ¡y que sabías
quién era ese!
Algo que tus carceleros no podrían saber
o aun adivinar. No habrían sabido
que había ancianos
rigurosamente rectos
en tu linaje
tanto mujeres como hombres
y no solamente
los *sanusis* y *sangomas***
que te enseñaron el amor propio. Habrían sido
ignorantes de la fe en ti de los ancianos
y lo mucho que eso significó para tu moral.

Esos a quienes ven, reconocen y abrazan
los viejos más sabios de la tribu
en especial tanto las mujeres como los hombres
como pasó contigo
no pueden realmente ser derrotados. Se puede mentir sobre ellos,
encarcelarlos por décadas, o incluso matarlos,
pero eso no es igual.

* madiba: *anciano respetado, amado en lengua xhosa y apelativo cariñoso de Mandela*
** sanusi: *anciano;* sangoma: *curandero (zulú)*

What kept you going?
I think it was your love of who you were, and that you knew
who that was!
Something your jailers could not know
or even guess. They would not have known
there were rigorously
righteous elders
in your lineage
both women and men
and not only
sanusis and *sangomas***
who taught you self-respect. They would have been
ignorant of the elders' faith in you
and how much this meant to your morale.

Those who are seen, recognized, and embraced
by the wisest old people of the tribe
especially by both the women and the men
as you were
cannot really be defeated. They may be lied about,
imprisoned for decades, or even killed,
but that is not the same.

* madiba: *in Xhosa, respected elder, beloved; a term of endearment for Nelson Mandela*
** sanusi: *ancient (Zulu);* sangoma: *healer/shaman (Zulu)*

Ofrendas quemadas

Ciertas realidades nos ponen de rodillas
y como yo estaba
ya allí
ante mi altar
desenvolví y encendí
las velas de cera de abeja
que adquirí para ustedes.
Espero que nunca hayan oído
el cuento de Hansel y Gretel
el rastro de migas de pan
las jaulas de la bruja
llenas de niños;
la enorme olla negra
y el aceite hirviente.
Que nunca hayan escuchado a los adultos
murmurar de costumbres extranjeras
que dignifican
la captura de niños
y su sacrificio.
El nudo de terror
que siento en mi corazón
debe aumentar
en el de ustedes.
En esta jaula,
viendo cuántos hay de ustedes,
¿dónde dormirán? ¿y cómo?
Me lo pregunto mientras doy vueltas en la cama.
También recuerdo a la gran Winnie Mandela
que soportó casi un año
de confinamiento solitario
en una prisión de Sudáfrica.
Tres hormigas se hicieron sus amigas
mientras usaba un cubo
como el que veo que ustedes tienen
para los desechos nocturnos (la vasija)
y para la comida (la tapa).
Cuando salió de la prisión

Burnt Offerings

Some realities drive us to our knees
and since I was there
already
before my altar
I unwrapped and lit
the beeswax candles
I acquired for you.
My hope is you have never heard
the story of Hansel & Gretel
the trail of bread crumbs
the witch's cages
filled with children;
the big black pot
and the cooking fat.
Never overheard elders
whisper of foreign customs
that honor
capture of children
and their sacrifice.
The lump of terror
I feel in my own heart
must be magnified
in yours.
In this cage,
seeing how many there are of you,
where would you sleep? And how?
I ask myself this, as I toss and turn.
Remembering too, the great Winnie Mandela
who endured almost a year
of solitary confinement
in a South African prison.
Three ants became her friends
as she used a bucket
like the one I see you have
for night waste (the bottom)
and for food (the lid).
When she emerged from prison

una mujer terriblemente distinta,
pocos sudafricanos
parecían considerar
el aislamiento, la humillación y la compañía
que había tenido.
¿Qué deben pensar
de nosotros, pequeños?
Adultos impotentes
para sacarlos de ahí.
¿Qué deben sentir
mientras pasa un día y otro
sin padres ni comunidad
(una ofrenda quemada que tal vez presenciaron
mientras llovía fuego del cielo)
que vengan a reclamarlos?
Hasta
ahora es solo
la conciencia
de la
total
rotura
de sus pequeñas vidas
la que regularmente
viene
a visitarlos.

Consideremos a los adultos que obligaron a estos niños a meterse en una jaula, y enviémosles colectivamente, alrededor del mundo, todo nuestro pensamiento, reconociendo al hacerlo que esta no fue necesariamente su idea. ¿Qué haríamos nosotros?

a frightfully different woman,
few South Africans
appeared to consider
the isolation, the humiliation, and the company
she had kept.
What must you think
of us, little ones?
Grownups powerless
to get you out.
What must you feel
as day by day goes by
without parents or community
(a burnt offering that perhaps you witnessed;
as fire rained from the sky)
coming to claim you?
Until
now it is only
awareness
of the
utter
brokenness
of your small lives
that regularly
comes
to visit you.

Let us consider the grown-ups who forced these children into a cage, and send them collectively, around the planet, all our thought. Recognizing as we do so that this was not necessarily their idea. What would we do?

Una bendición

Entre aquellos
que son bastante mayores
y aquellos que se preocupan
el Sexo no es un pecado
es una puerta.
Por esa puerta
podemos comprender
a "Dios"
al Ser
y al Universo.
La pasión es la gran
Maestra.
Cierta criatura
hace mucho tiempo
que hemos olvidado
su abrazo
escamoso
nos forzó a
separarnos
de lo que sentimos
o no sentimos.
Lejos de sentir,
o no sentir
lo que conocemos.
Acabaremos esto ahora.

A Blessing

Between those
who are old enough
and those who care
Sex is not a sin
it is a door.
Through that door
we may understand
"God"
Self
& Universe.
Passion is the great
Instructor.
Some creature
so long ago
we have forgotten
his scaly
embrace
forced us to tear ourselves
away
from what we feel
or do not feel.
Away from feeling,
or not feeling
what we know.
We will end this now.

El premio en sí mismo

poema para Miko

Hay muchos premios
que no vale la pena recibir;
te los puede entregar
alguien cuya otra mano
te está apuñalando por la espalda.
Peor yo creo
es recibir un premio
al valor
de alguien que es un cobarde
o que te dé una medalla
por la libertad
o un premio por la paz
una persona
que no tiene ni idea de eso.
Pero existe la digna
aceptación
de un premio
que realmente
tiene significación:
el de los que se alzan
y se han alzado
muy unidos
contra el peligro común
de modo que la persistencia
de la sonrisa
honesta
entre ellos
es el premio.
En sí mismo.

The Prize Itself

Poem for Miko

There are many awards
that are not worth receiving;
they can be handed to you
by someone whose other hand
is stabbing you in the back.
Worse I think
is to receive an award
for bravery
from someone who is a coward
or to be given a medal
for freedom
or a prize for peace
by someone
who has no idea.
But there is the graceful
acceptance
of an award
that actually
has meaning:
when those who stand
and have stood
so closely together
against the common
danger
that the survival
of the honest
smile
between them
is the prize.
Itself.

A la Policía

Si por casualidad
se están preguntando
la respuesta es sí:
nos han herido. Profundamente.
Tal y como
pretendían:
ustedes y aquellos
que los mandaron.
¿Saben ustedes ya
que no actúan
por voluntad propia?
Imagino a sus creadores
sentados
en las sombras
riéndose
mientras lloramos.
Aunque normalmente faltos de sentimiento
están experimentando una sensación
que casi disfrutan:
consiguen presenciar, por torcido
encantamiento, docenas
de fuertes madres negras
llorando.
Ellos planearon
y nutrieron
el odio y el miedo de ustedes
y enfocaron el disparo de muerte.
Entonces los vieron
tratando de explicar
su inocencia en la televisión.
Es entretenimiento para
ellos. Ríen y beben
viéndolos humillarse.
Los han atado en una
bolsa de confusión
de la cual
nunca escaparán.

To the Po'lice

In case you are
wondering
the answer is yes:
you have hurt us. Deeply.
Just as you
intended:
you and those
who sent you.
You do know by now
that you do not send
yourself?
I imagine your Designers
sitting back
in the shadows
laughing
as we weep.
Though usually devoid of feeling,
they are experiencing a sensation
they almost enjoy:
they get to witness, by twisted
enchantment, dozens
of strong black mothers
weeping.
They planned
and nurtured
your hatred and fear
and focused the kill shot.
Then watched you
try to explain
your innocence on TV.
It is entertainment for
them. They chuckle and drink
Watching you squirm.
They have tied you up
in a bag of confusion
from which you
will never escape.

Verdad que ustedes son blancos, pero son tan jodidamente pobres,
y, para colmo, tontos, dicen.
Una consideración que los pone
rosados
de regocijo.
(Tienen tantas tareas planeadas
para los blancos pobres y tontos: ustedes
se asombrarían).
Ustedes y las madres que lloran
tienen más en común de lo que imaginan:
las madres lo saben.
Ellas los han conocido
por mucho más tiempo
del que ustedes a ellas. Después de siglos
aun esos en las sombras, los amos suyos,
ofrecen muy poco misterio.
Si ustedes pudieran
hallar su real coraje
podrían arriesgarlo todo
para sentarse en círculo, rodeados
por estas mujeres. Los ojos de ellas rojos
de llorar, sus gargantas en carne viva.
(Ellas podrían golpearlos también, ¿quién puede
jurar que no lo harían?).
Sus hijos están muertos
y son ustedes
quienes cometieron el hecho.
Bastante amedrentador.
Pero dentro de ese círculo
desnudos al dolor de ellas
es donde deben centrarse
si es que alguna vez
van a ser libres.

It's true you are white, but you are so fucking poor,
and dumb, to boot, they say.
A consideration that turns
them pink
with glee.
(They have so many uses planned
for the poor, white, and dumb: you would be
amazed.)
You and the weeping mothers
have more in common than you might think:
the mothers know this.
They have known you
far longer
than you have known them. After centuries,
even those in the shadows, your masters,
offer little mystery.
If you could
find your true courage
you might risk everything
to sit within a circle, surrounded
by these women. Their eyes red
from weeping, their throats raw.
(They might strike you too, who could swear
they wouldn't?)
Their sons are dead
and it was you
who did the deed.
Scary enough.
But within that enclosure
Naked to their grief
Is where you must center
If you are ever
To be freed.

Blues del despoblamiento

Te pone a pensar
en años ya pasados
cuando soñábamos
lo que no podíamos imaginar:
pero nunca, comilones inútiles, habríamos podido soñar o imaginar
esto. Quizá habríamos podido hacer un mejor trabajo
en imaginarlo
si fuéramos seres diferentes
y no tan indulgentes con la frialdad
que ha sido siempre nuestra acogida
en estas partes.
Lo que no podía imaginarse
es la forma en que se haría;
sabíamos que la avaricia y el egoísmo
unidos significarían que su eliminación de nosotros
se haría
a costa nuestra.
No obstante, el mal puede ser genial, hallará un camino; no somos
  totalmente tontos
como para dejarnos seducir por él.
Ford, Nixon, Carter,
Reagan, quizá todos
los otros
sabían que contábamos con que ellos
fueran humanos como nosotros. Aunque por qué 800.000 ruandeses
murieron mientras veíamos un escándalo sexual
presidencial televisado debió decirnos algo. Que los políticos
que nos sonreían y besaban a nuestros bebés
con ojos azules brillantes de triunfo
bien sabían que caíamos
en nuestras tumbas
pateados por ellos
mientras contaban
nuestros votos.

Depopulation Blues

It makes you think
of years gone by
when we dreamed
whatever we could not imagine:
but we could never, useless eaters, have dreamed or imagined
this. Maybe we could have done a better job
of imagining it
if we were different beings
and not so forgiving of the coldness
that has always been our reception
in these parts.
What could not be imagined
is how it would be done;
we knew greed and stinginess
combined would mean their elimination of us
would be
at our own expense.
Evil can be brilliant, though, it will find a way; we are not fools
completely
to be seduced by it.
Ford, Nixon, Carter,
Reagan, perhaps all
the others
knew we were counting on them
to be human as we are. Though why 800,000 Rwandans
died while we watched a televised presidential
sex scandal might have told us something. That politicians
who smiled at us and kissed our babies
blue eyes shining with triumph
well knew we were falling
into our graves
kicked by them
as they counted
our votes.

Blues del despoblamiento #2

Ellos quieren matar
a toda la gente del mundo
solo para quitarles lo que tienen.
Ya no es un misterio.
Sabemos que los asesinatos no suceden
porque alguien lleva puesto
un turbante.
No suceden porque
hay una amenaza
a nuestra triste, vacía, engañosa
forma de vida.
Inclusive hacer compras fracasa
en aliviarnos
ya.
Es un hambre
de poseer aquello que pueda llenar
el vacío interior.
Mas nada puede ni lo hará.

La vida muere violada
por aquellos que no pueden
soportar su soledad interior
que no pueden detener
lo que no pueden sentir.

Depopulation Blues #2

They want to kill
all the world's people
simply to take what they have.
It is no longer mysterious.
We know the murders are not done
because someone is wearing
a towel.
They are not done because
there is a threat
to our sad, empty, treacherous
way of life.
Even shopping fails
to soothe us
anymore.
It is a hunger
to own that which might fill
the inside void.
But nothing can or will.

Life is being raped to death
by those who cannot
bear their inner loneliness
who cannot stop
what they cannot feel.

¿Qué debe hacerse? ¿Quién debe hacerlo?

Mi amigo me dice:
¿Pero qué podemos hacer? ya rindiéndose.
Estar consciente ya es algo,
digo. La conciencia raramente
nos deja desalentados. O desalentadores.
Y así ocurre con esta revelación
de lo que ha estado sucediendo
a nuestros hijos, a todos,
y en especial a nuestros varones.
La bestia en el supuesto
hombre civilizado
es más letal, siniestra,
grotesca y astuta
de lo que yo habría creído:
¿Y qué es, en cualquier caso, esta bestia?
¿Cómo aparece
en cada época
para plagar nuestra república
de sombras
que ella proyecta
como luz?
Aquí nos presentan
a cuatro hombres que pueden,
en su sencillez, señalar
el comienzo del final de nuestro grave
olvido:
Cuatro hombres sentados en sillas plegables de metal
hablando entre ellos, hace casi cuarenta años;
diciendo lo que han presenciado,
lo que han conjeturado,
lo que han temido;
escuchándose unos a otros. Grabándose
ellos mismos. Compartiendo esto, tantos años más tarde,
con nosotros, que pensábamos haberlo oído todo.
Esto es lo que creo que los hombres realmente adultos
deben hacer. *Sentir profundamente*. Estar presentes

What Is to Be Done? Who Is to Do It?

My friend says to me:
But what can we do? Already giving up.
To be aware is already something,
I say. Consciousness rarely
leaves us unmoved. Or unmoving.
And so it is with this revelation
of what has been happening
to our children, all of them,
and especially to our boys.
The beast in so-called
civilized man
is more lethal, sinister,
grotesque and cunning
than I would have believed:
And what is it, anyhow, this beast?
How does it manifest
in every age
to plague our republic
from shadows
it projects
as light?
We are presented here
with four men who may, in their
simplicity, signal
a beginning of the end of our acute
obliviousness:
Four men sitting on metal folding chairs
talking together, almost forty years ago;
saying what they have witnessed,
what they have surmised,
what they have feared;
hearing each other out. Taping
themselves. Sharing this, all these years later,
with us, who thought we had heard it all.
This is what I believe truly grown-up men
should do. *Feel deeply*. Be present

ante la marcadamente amenazada vida de los jóvenes. Preocuparse
    por los hijos,
sean varones o hembras, y no solo por los tuyos.
Sentarse juntos, como
hacen estos hombres:
decidirse a
liberarnos
de nuestra fantasía
sobre una sociedad que se interesa:
estar resueltos como Budas
a encontrar un camino.
A sentarse toda una vida
si fuera necesario
sobre duras sillas.

Ver *Boys for Sale* (*Niños a la venta*) en YouTube.

to the steeply challenged life of the young. Care about children,
whether boys or girls, and not only about your own.
Sit together, as these
men do:
become determined
to liberate us
from our fantasy
of a society that cares:
Be resolved as Buddhas
to find a way through.
To sit a lifetime
if need be
on hard chairs.

See *Boys for Sale* on YouTube.

Prohibiendo la crueldad

Repugnados por la crueldad
prohibámosla
de nuestros corazones.
Si nos sentimos tristes, afligidos,
como si no tuviésemos nada bueno
por lo que vivir
pensemos en el corazón
detrás de estas ruedas,
un corazón que huele
a lo que porta.
Cualquier otra cosa puede estar pasando
en nuestra quizá malograda vida;
no tenemos que conducir
este camión.

Este camión se refiere al camión de "zorrillo" que Israel envía por las calles de vecindarios palestinos, rociando cada una de las viviendas con olor a zorrillo.

Banning Cruelty

Repelled by cruelty
let us ban it
from our hearts.
If we feel sad, bereft,
as if we have nothing good
to live for
think of the heart
behind these wheels—
a heart that smells
of what it carries.
Whatever else may be happening
in our perhaps blighted life:
we do not have to drive
this truck.

This truck refers to the "skunk" truck that Israel sends through Palestinian
neighborhoods spraying each dwelling with a scent of skunk.

La energía de la ola

para las personas de África
(que enfrentan tanques blindados y otras armas que no fabricaron)

De niña yo sentía
pero no podía
comprender
el poder
de la oración.
Mi inocencia
sobre lo profundo
me mantenía desprevenida.
¿Cómo podía la pasión del corazón
echada a volar hacia otros
mediante humildes palabras
cambiar algo?
O, mejor,
¿qué podía esto cambiar?
Pero la oración
es una energía
que atraviesa montañas y desiertos
y continentes y mares
y nunca es detenida
ni incluso aminorada
por cosa alguna.
Ella llega
a su destino
como una bendición
que dice: Yo siento —aunque solo sea
una sombra de tu dolor—
el sufrimiento
que te ha
sobrevenido.
Aunque estés distante
estás bien acunado
en la seguridad
de mi corazón.
Soy solo una gotita
en lo que puede devenir

The Energy of the Wave

for the people of Africa
(facing armored tanks and other weapons they did not make)

As a child I sensed
but did not
grasp
the power
of prayer.
It was my innocence
of the depths
that kept me unaware.
How could the passion of the heart
sent flying toward others
through humble words
change anything?
Or, rather,
what might this change?
But prayer
is an energy
that crosses mountains and deserts
and continents and seas
and is never stopped
nor even slowed
by anything.
It arrives
at its destination
as a blessing
that says: I feel—though it is but
a shadow of your sorrow—
the suffering
that has befallen
you.
Though far away,
you are securely cradled
in the safety
of my heart.
I am but a droplet
in what must become

un amplio mar
para crear la gran ola
que barra
lejos
todos los demonios
que te estén haciendo
daño.
La oración es el inicio: cuando
no sabemos
qué otra cosa hacer.
Es en este
espíritu
de conciencia y casi de impotencia
amados
familiares
de la masacrada África
que estamos con ustedes.

a vast sea
to create the big wave
that washes
away
whatever demons
are harming
you.
Prayer is the beginning: when
we don't know
what else to do.
It is in this
spirit
of awareness and near impotence
beloved
kin
of butchered Africa
that we stand with you.

Creo en las mujeres

Creo en las mujeres.
Sea cual sea la razón
para su tardanza
en salir adelante,
considero que no
hubiesen avanzado ahora
sino para sentirse cuerdas
y limpias
de nuevo.
Hermanas lleven en alto las cabezas.
También siento compasión
por el anciano.
¿Cómo no sentirla?
Amo a los ancianos
en parte porque
les lleva tanto tiempo
descubrirse
ellos mismos. Los seres
que ocultaron o adormecieron
a los cinco años
o aun antes.
¿Quién sabe qué sucede
para desajustar un alma?
Podemos crecer a partir de aquí
si lo intentamos. No es el fin
del mundo. Lo que otros piensen
de nosotros que sea nuestra última inquietud.
Siempre lo que pensamos de nosotros
mismos ha sido lo importante.
Cuando hemos lastimado a otros
sin importar nuestra razón
la madurez exige reconocerlo
ir donde ellos
decir lo siento y ¿me perdonas?
La mayoría de la gente no cree
en esto
y es por eso que el mundo

I Believe the Women

I believe the women.
whatever the reason
for their delay
in coming forth,
I believe they would not
come forward now
except to feel sane
and clean
again.
Sisters keep your heads up.
I also feel compassion
for the old man.
How can I not?
I love old men,
partly because
it takes so long
for them to awaken
to themselves. The selves
they hid or put to sleep
when they were five
or even younger.
Who knows what happens
to misalign a soul?
We can grow from this
if we try. It is not the end
of the world. What other people
think of us should be our last concern.
It has always been what we think of ourselves
that matters.
When we have hurt others
no matter our reason
maturity demands we own up
go to them
say I am sorry and will you forgive me?
Most people don't believe
in this
and that is why the world

está fuera de control.
Han perdido un amado ídolo
querido por ustedes, ¿cómo recuperarse
sin creer?
Yo andaría de rodillas sobre piedras
para restablecer sus corazones.
Pero eso es magia que ninguno podemos hacer.

is out of control.
You have lost a beloved idol
precious to you; how will you make it
without your belief?
I would walk on my knees over pebbles
to unbreak your heart.
But that is magic none of us can do.

Los niños palestinos asesinados celebran reunión en el Paraíso

¿Quién sabía que la muerte era algo así?
Reflexiona un muchacho recolocando un miembro
y baja la vista pensativamente
hacia un ojo. Un ojo que mira
indiferente en torno al Paraíso
que resulta estar
por todas partes.
¿Quién sabía
que aprenderíamos tanto
y que nuestro viaje
—por la forma en que se ven las cosas—
nunca acabará?
Todavía están peleando
y matándonos
allá abajo. No saben que
nunca morimos.
Pero ¿*ellos sí*?
Y ¿es esta la forma
en que la vida los castiga?
¿que nunca se los conozca por lo que
dan al mundo,
que es mucho,
sino por lo que toman?
¿Cuál es el mensaje
para nuestros padres
nuestros compañeros de clase
nuestros amigos?
¡Cuánto amor tienen
por nosotros, los caídos!
¡Cuánto sufrimiento
nuestras muertes
han causado!
¡Si al menos pudiésemos dejar caer
esa pluma
prometida a Yoko Ono
por John Lennon!*
¡Anunciando el prometido

The Slain Children of Palestine Hold Council in Paradise

Who knew death would be like this?
A young boy considers reconnecting a limb
and looks down thoughtfully
at an eye. An eye that looks
casually around Paradise
which turns out to be
everywhere.
Who knew
we would learn so much
and that the journey—
from the way things look—
will never end?
They are still fighting
and killing us
below. They do not know
we never die.
But do *they*?
And is this the way
life punishes them?
Never to be known for what
they give to the world
which is a lot:
but by what they take?
What message
to our parents
our schoolmates
our friends?
How much love they have
for us, the fallen,
how much suffering
our deaths
have caused!
If only we could drop
that feather
promised to Yoko Ono
by John Lennon!*
Announcing the promised

reino del Ser
que jamás defrauda
o desaparece!
Somos los dichosos
que hemos ido a la Gloria.
¿Cómo juzgamos
a quienes nos asesinaron?
¿Cómo decimos a nuestras familias
que este no es el fin?
Que es el aliento inmortal
de la Vida el que ahora
nos sostiene
en una paz
que no tiene nombre
ni forma;
Vida inagotable
que se abre de nuevo
al morir:
Vida que presencia
todo
eternamente:
y es totalmente flexible
en su Eternidad.

Se dice que John Lennon prometió a su amada Yoko que si él descubría qué era el "cielo" tras su muerte, se lo haría saber dejando caer una pluma.

Realm of Being
that does not ever disappoint
or disappear!
We are the lucky ones
gone on to Glory.
How do we judge
those who murdered us?
How do we say to our families
this is not the end?
That it is Life's deathless
breath that now is
holding us,
in a peace
that has no name
or form;
inexhaustible Life
that opens once again
in dying:
Life that witnesses
everything
forever:
and is wildly flexible
in its Eternity.

It is said that John Lennon promised his beloved Yoko that if he found whatever "heaven" is, after his death, he would let her know by dropping a feather.

Promotores de la guerra

¿Ya estás despierto?
¿Cuán despierto estás?
¿Sabes lo que es la Guerra?
¿Cuán bien lo sabes?
¿Sabes cuán dedicados
son los belicistas
a la Guerra?
¿Cómo la aman?
Más que a las madres y a sus niños.
Más que a los nietos.
Más que al agua dulce y al suelo y el aire limpios.
Más que a los mamíferos, los pájaros o los peces.
Más que al fútbol.
Más que a su equipo de fútbol.
Más que a los higos.
Ellos aprecian
el modo en que la Guerra forma
y reforma
el mundo
para ajustarse a su idea
del control de la gente
y el mal manejo
planetario.
Estos entusiastas se reunirán
en una
de sus guaridas preferidas
muy pronto.
Tu Capitolio.
Intenta estar allí. En conciencia
sino
de cuerpo.
Ellos procurarán
Impactar y Asombrar
por ser
el apoyo
congresional
para aniquilar
a gente tal como tú

Mongers of War

Are you awake yet?
How awake are you?
Do you know what War is?
How well do you know?
Do you know how devoted
warmongers
are to War?
How they love it?
More than mothers and babies.
More than grandkids.
More than fresh water and clean soil and air.
More than mammals, birds or fish.
More than football.
More than the soccer team.
More than figs.
They appreciate
the way War shapes
& reshapes
the world
to fit their design
for people control
and planetary
mismanagement.
These mongers are meeting
in one
of their favorite dens
very soon.
Your Capitol.
Try to be there. In awareness
if not
body.
They will attempt to
Shock and Awe
into being
congressional
support
for destroying
folks just like you

en Irán;
gente que sería mejor que conocieras.
Echa una buena mirada.
Esta América bárbara
roja de dientes y garras
todo el tiempo
ha estado
masticando
a través de los trajes del Bwana*
de una Conquista Sin Fin.
Ahora
intimidada a
la sumisión
por los aliados
de la destrucción
que gritan obscenidades
a su oído
desea ahogarnos
en dolor
por otra de sus
codiciosas
trágicas
ridículas
y
en conjunto
fracasadas
guerras.
¿Adónde va esto?
No hacia nuestros sueños.
¿Estamos ya despiertos?
¿Lo estaremos alguna vez?
¿Cuántos niños
sorprendidos más
deben morir
en nuestro sueño?

* N. del T.: Bwana: *señor, hombre blanco*

Se recomienda: Letra de "Masters of War" ("Amos de la guerra") de Bob
Dylan (1963)

in Iran;
folks you'd rather get to know.
Take a good look.
This barbarous America
red in tooth and claw
has
all along
been chewing
through the Bwana suits
of Endless Conquest.
Now
bullied into
submission
by allies
of destruction
shouting obscenities
in its ear
it desires to smother us
in grief
over yet another
greedy
tragic
ridiculous
&
altogether
backfiring
war.
Where is this going?
Not toward our dreams.
Are we awake yet?
Will we ever be?
How many more
surprised children
must die
in our sleep?

Recommended: The lyrics to Bob Dylan's "Masters of War" (1963)

Para Win

(por el cumpleaños de Bob Marley, 6 de febrero)

Sé lo que ellos no quieren:
Sé atento.
Sé diestro en amar.
Sé de buen corazón.
Sé de la tribu del mundo.
El que tortura
el resto sagrado
de nosotros
carece de confianza
en su propia
dignidad
para ponerse de pie
sin avergonzarse
siendo incluso pobre
y cantar.

To Win
(for Bob Marley's birthday, February 6)

Be what they do not want:
be thoughtful.
Be skilled at loving.
Be of good heart.
Be of the world tribe.
Who torments
the sacred
rest of us
lacks confidence
in his own
worthiness
to stand
shameless
even poor
and sing.

Mañana en el pueblo

Esta mañana
en el pueblo
donde vivo*
vi a un señor viejo
calmosamente pintando un viejo
cántaro de leche de metal
de dos pies y medio de alto.

Estaba tranquilo,
mientras los transeúntes
caminaban o montaban
sus bicicletas.
Al principio no comprendí
cuán sencillo era. Sentarse
a la sombra de los árboles de la acera a pintar;
dando lecciones
de once a doce.

Debe haber algo
más que esto
pensé.
Pero ahora, no lo creo.

El cántaro cambiaba lentamente
de la gris ignominia del óxido
al rosa azul encanto del amanecer
y el artista hacía flores amarillas
embadurnándolas en su sitio
con un trozo irregular de corcho.

Viejo, no más viejo que yo sin dudas
¡nunca sabrás
lo encantada que me sentí de verte!
Pintando el viejo cántaro de leche
de vuelta a la vida
en este oculto lugar
donde los niños crecen viéndote

Morning in the Village

This morning
in the village
where I live*
I saw an old man
leisurely painting an old
two-and-a-half-foot-high
metal milk can.

He was serene,
as passersby
strolled or rode their
bicycles.
At first I did not comprehend
how simple it was. To sit
in the shade of the sidewalk trees, painting;
offering lessons
from eleven to noon.

There must be something
more to this
I thought.
But now, I think not.

The can turned slowly
from gray rusty ignominy
to blushful blue dawn enchantment
and the artist made yellow flowers
by daubing them into place
with a bit of ragged cork.

Old man, no older than me no doubt
you will never know
how delighted I was to see you!
painting the old milk can
back to life
in this hidden place
where children grow up watching

o ignorándote pintar
y en la noche juegan a las escondidas
en esta esquina
de nuestra oscura
pero extraordinaria
calle de pueblo.

Pueblo de Guadalupe

or ignoring you paint
and at night play hide-and-seek
in this corner
of our obscure
but extraordinary
village street.

* the village of Guadalupe

Ocupando mi asiento

Ocupando mi asiento
me inclino
ante mi flecha.

Al inspirar doy
gracias a mis maestros
que están
por todo mi alrededor.

Al espirar
agradezco a ellos
mucho más.

Taking My Seat

Taking my seat
I bow
to my arrow.

Breathing in
I thank my teachers
who are
all around me.

Breathing out
I thank them
more.

About the Author

Alice Walker, winner of the Pulitzer Prize and the National Book Award, is a canonical figure in American letters. She is the author of *The Color Purple*, *The Temple of My Familiar*, *Horses Make a Landscape Look More Beautiful*, *The Way Forward Is with a Broken Heart*, *Now Is the Time to Open Your Heart*, and many other works of fiction, poetry, and nonfiction. Her writings have been translated into more than two dozen languages, and more than fifteen million copies of her books have been sold worldwide.

The poems in this volume were translated into Spanish by Cuban poet and translator Manuel García Verdecia. (Poemas traducidos al español por el poeta y traductor cubano Manuel García Verdecia.)